UNE MAISON DE POUPÉE

La littérature scandinave
dans la même collection

ANDERSEN, *Les Habits neufs de l'empereur et autres récits*
La Petite Sirène et autres contes
HAMSUN, *Victoria*
IBSEN, *Le Canard sauvage*
Hedda Gabler
Peer Gynt
LAGERKVIST, *Âmes masquées. La Noce*
LAXNESS, *La Cloche d'Islande*
STRINDBERG, *Au bord de la vaste mer*
Mademoiselle Julie. Le Pélican
L'Île des bienheureux. Une sorcière. Tschandala

IBSEN

UNE MAISON DE POUPÉE

Traduction, présentation et chronologie
par Régis Boyer

Dossier
par Florence Fix

GF Flammarion

N° d'édition : L.01EHPN000742.N001
Dépôt légal : juin 2016

ISBN : 978-2-0813-7500-0

Présentation

Ibsen, un classique du Nord

Il se pourrait bien qu'Ibsen fût le seul véritable écrivain classique que nous ait donné le Nord. Surtout si l'on entend par classique le fait de dominer les modes, les types d'expression et les thèmes du moment pour tenter d'atteindre à une vérité universelle plus au moins indépendante des cadres spatio-temporels. Il paraît extrêmement difficile de dégager, par exemple, *Le Songe*, du Suédois Strindberg, de ses implications bien datées, psychologiques ou culturelles (au sens large), et même le Danois (Norvégien en vérité, mais il composa toute son œuvre en danois) Holberg (XVIIIe siècle), que l'on surnomme volontiers « le Molière du Nord », perd beaucoup à être entendu sans les composantes bien scandinaves de son inspiration.

Mais de très grands textes comme *Rosmersholm*, *Une maison de poupée*, *La Dame de la mer* peuvent fort bien, avec les indispensables menues adaptations, traduire les élans de notre sensibilité occidentale dans l'état où elle se manifeste depuis disons trois millénaires : quelque chose, dans ces pièces, s'accorde à ce qu'il y a de plus profond en nous, en sorte que nous nous reconnaissons en ces hommes et ces femmes que l'on nous donne à voir, presque indépendamment des temps et des lieux. On va dire, par exemple, qu'*Une maison de poupée* a pu, selon le moment, passer pour une œuvre « symboliste », puis « féministe », puis « personnaliste », mais gageons qu'elle saura s'adapter aux prochains grands courants de pensée ; la femme (Nora) qu'elle nous présente domine nos catégories trop bien situées et sans doute est-ce là la raison profonde pour laquelle toutes nos grandes actrices de théâtre rêvent de jouer un jour ce rôle. Car il est pour ainsi dire archétypique et dépasse toutes les interprétations caractérisées. Même *Peer Gynt*, dont on signalera le côté bien norvégien, bien « folklorique », finit tout de même par s'évader de ses colorations précises pour se hausser à la qualité d'un type universel – en quoi Edvard Grieg ne s'est pas trompé !

Classique, donc. En vérité, il y a quelque chose de surprenant dans cette constatation. Car enfin, il n'y a pas de théâtre norvégien avant Ibsen, et il est remarquable que cet homme ait, d'emblée, atteint de tels sommets dans l'ensemble scandinave. D'ailleurs, le génie proprement norvégien déconcerte un peu : cette culture nous a donné, que l'on sache, le plus grand peintre du Nord (Edvard Munch), son plus grand sculpteur (Vigeland), son plus grand musicien (Edvard Grieg) et, donc, probablement son plus grand écrivain avec Henrik Ibsen. Compte dûment tenu des éléments d'ordre historique qui peuvent expliquer le lent surgissement de ces cultures sur la scène européenne, éléments qui justifient qu'elles ne prennent enfin leur véritable place – après la fantastique flambée du Moyen Âge, qui est surtout une affaire islandaise, mais on n'oubliera pas que la culture islandaise est premièrement fille de la norvégienne – que vers la fin du XIXe siècle, il est étrange que ce petit pays (il ne compte guère plus de quatre millions d'âmes aujourd'hui encore) soit responsable de talents de cette qualité. On s'est, d'ailleurs, beaucoup interrogé sur ce fait [1] : serait-ce l'opposition entre un décor physique d'une fantastique beauté et d'une sauvage grandeur, d'un côté, et le petit nombre de la population, de l'autre, qui justifierait cette sorte de silence auquel le Norvégien est comme condamné, qui lui impose cette lente rumination mentale

1. Prenez-en la mesure, notamment, dans le numéro 4 de 1993 des *Études germaniques*, consacré à « L'identité nordique ».

que dit le verbe *å gruble* (penser ou méditer comme si l'on ruminait ses idées) ; qui, donc, le condamne plus ou moins au silence… Mais s'il parvient à en sortir, cela nous vaut de splendides échappées comme celles que je viens de noter brièvement plus haut. J'entends par là qu'il existe un subtil accord entre décor et mental. Après tout, la lumière du Nord est d'une qualité ineffable, elle est susceptible de toutes les transfigurations, de toutes les magies possibles et il se pourrait bien que ce fût elle qui présidât à ces alchimies dont naissent ces génies que nous nous efforçons de cerner ici. Car il ne fait pas de doute que nous sommes ici dans l'ailleurs et l'autrement, nous autres « Latins » ou, comme on dit là-bas, « Romans ».

Mais justement, et encore une fois, Ibsen échappe en grande partie à cet « exotisme » : non qu'il ne l'assume pas, bien au contraire, notamment dans *Peer Gynt*, mais il le dépasse considérablement.

Contexte et influences

Il fut d'abord enfant de son temps. Petit-bourgeois né de petits-bourgeois[1], il ne connut jamais la misère ou la gêne, et l'on verra qu'il n'a jamais songé à remettre en question les assises morales ou proprement sociales du milieu dont il était issu. Les valeurs de ses pères restent les siennes, ses options religieuses ont beau ne pas s'inscrire dans le droit fil de l'orthodoxie ambiante, il évolue sur un arrière-plan luthérien dans le sens puritain. Pareillement, s'il n'a pas été insensible à l'évolution des idées politiques de son temps, tant s'en faut, ce n'a jamais été un dynamiteur, et il y a quelque chose de dérisoire dans

1. Rappelons que ce volume comporte une chronologie détaillée de la vie et de l'œuvre d'Ibsen. Cette chronologie me dispense de faire, ici, une présentation en forme de toute la vie et l'œuvre. On se permettra d'y renvoyer, l'objet de la présente introduction n'étant pas du même ordre.

le fait de constater que certains de ses critiques – non norvégiens en général – l'ont pris pour un « anarchiste ». Comme nous dirions à présent, son cœur était à gauche, mais ce respectable petit-bourgeois qui se donna, un temps bref, des allures de bohème, « se rangera » – à partir de 1866 en fait, c'est-à-dire, de *Brand*, à l'âge de trente-huit ans, donc – pour devenir cet homme du monde, tout à fait correct, réservé, menant une existence exemplaire selon des horaires immuables, bref, l'Ibsen de la tradition ! Ce respectable petit-bourgeois, donc, pouvait bien admirer la révolution française de 1848, il a même pu militer peu ou prou dans le mouvement « socialiste » nouvellement fondé par Marcus Thrane, fréquentant les meetings et prenant part à certaines manifestations (on en trouvera quelques échos dans *L'Union des jeunes*), il fait penser à Goethe disant en substance qu'il préférait une injustice à un désordre. Ce n'est évidemment pas à ce niveau que se situe son entreprise, et il paraît assez vain de vouloir proposer de son œuvre une lecture politique : la chose n'a pas manqué d'être tentée, mais les résultats sont rien moins que convaincants.

De plus, il aura été marqué par ses lectures de jeunesse. Ce garçon timide et réservé aimait son théâtre de marionnettes, il faisait volontiers des tours de prestidigitation, dessinant, peignant (nous avons gardé de lui un certain nombre de tableaux qui, pour n'avoir pas la qualité éminente des réalisations, dans le même domaine, de son émule Strindberg, ne manquent pas d'intérêt) et lisant les grands romantiques scandinaves comme le Danois Adam Oehlenschlaeger, ou celui qui marquera tout le début de son œuvre dramatique, Shakespeare, sans parler du maître à penser de tous les écrivains du Nord, notamment à la fin du XIXe et au début du XXe siècle, le Danois Kierkegaard : il lui reprendra son sens de la vocation, son intransigeance, son exaltation de la subjectivité (de l'individu), son culte de l'engagement et sa volonté d'authenticité, tous traits qui résument assez bien le personnage de Brand, par exemple, dans la pièce ou le poème qui portent ce titre.

Des formules comme « Rien ou tout » (*Intet eller Allt*) ou « L'esprit de compromis, c'est Satan » (*Akkordens Aand er Satan*) sortent tout droit de *Ou bien... ou bien*, du Danois. Une œuvre comme *La Comédie de l'amour* retrouve, à l'évidence, la dialectique kierkegaardienne des stades dits esthétique et éthique[1]. Il aimait aussi, notons ce détail, Voltaire, certainement pour un type d'ironie que l'on fréquente très peu chez les Scandinaves et dont Ibsen n'est pas trop avare : on le rencontre dans certains passages de *Peer Gynt*, précisément (ainsi, à propos du « personnage maigre »).

Et il va sans dire que c'était un grand amateur de sagas islandaises. Il suffit d'imaginer dans quelle situation « littéraire » se trouvaient les Scandinaves cultivés vers 1850, par exemple. Leurs littératures respectives avaient connu, des siècles durant (disons du XIVe au XIXe précisément), une sorte d'engourdissement où les grandes œuvres, pour n'être pas absentes, étaient rares tout de même : par une manière de mouvement de repli, le trésor sans pareil du Moyen Âge islandais, eddas, poésie scaldique et surtout sagas prenait donc d'autant plus de prix.

Or les sagas dressaient, elles aussi, l'homme contre son destin. Un texte de coloration héroïque, comme *Völsunga saga*[2], nous montre le célèbre Sigurdr (Siegfried de la tradition allemande) pris entre deux femmes dans un affrontement tragique pour tous les trois : c'est exactement la situation du héros dans la pièce d'Ibsen, *Les Guerriers de Helgeland*, qui fut la première œuvre du Norvégien à connaître un véritable succès en son pays.

Et puis… les sagas étaient censées relever de l'âme populaire scandinave, notamment ouest-scandinave, c'est-à-dire norvégienne et islandaise. Il est vrai de dire qu'elles expriment en bonne partie une culture paysanne et qu'à cette culture, les Norvégiens sont restés

---

1. On peut lire là-dessus les introductions à Kierkegaard : *Œuvres*, Robert Laffont, « Bouquins », 1993, notamment l'Introduction générale.
2. Traduction française par R. Boyer dans *La Saga de Sigurdr ou la Parole donnée*, Éd. du Cerf, 1989.

profondément attachés jusqu'à nos jours inclusivement. Ce pays connaît à peine la grande ville dans le sens que nous lui donnons, que nous vivons ; à la moindre occasion, il s'évade pour aller explorer un fond de fjord ou d'immenses étendues de fjell (sortes de montagnes qui jouent un rôle de premier plan dans *Peer Gynt*), et il a constamment la mer, l'immense mer déployée sur plusieurs milliers de kilomètres de côtes et d'îles à sa portée, source d'aventures et d'évasions dont la meilleure expression demeure le phénomène viking (800-1050), même si la réalité de ce fait ne correspond ni à notre légende romantique ni à la leur ! Tout cela pour dire qu'il ne se peut pas qu'une inspiration norvégienne bien née ne chérisse pas la veine dite populaire, telle qu'elle s'exprime, par exemple, dans les célèbres contes avec leurs trolls. *La Fête à Solhaug*[1], *Olaf Liljekrans*, pièces de jeunesse, s'inspirent directement de ces modèles, et Ibsen ira jusqu'à solliciter une bourse de voyage pour s'en aller dans des provinces riches de « folklore » comme le Sogn, le Nordfjord ou le Sunnmore, étudier et collationner ce trésor. Au demeurant, on ne comprendrait rien à *Peer Gynt* si l'on négligeait ce facteur. Même dans les grands chefs-d'œuvre de la maturité, qui se sont dégagés de ces incitations immédiates – je pense, par exemple, à *La Dame de la mer* –, il subsistera un fonds d'images (d'images, notons bien ce point) qui remontent tout droit à de pareilles sources : pensons aussi aux fatidiques « chevaux blancs » de *Rosmersholm*…

Morale et modernisme

Dans le Danemark voisin, un certain Georg Brandes, responsable direct du formidable mouvement de libération et de révolte qui prendra là-bas le nom de *genombrott*

1. Solhaug désigne un lieu.

(« percée » des lettres et idées modernes, pour ce temps, bien entendu), entendait réveiller son pays de la torpeur dans laquelle il avait sombré en exigeant une littérature qui traiterait de « problèmes », à l'imitation de ce qui se faisait, en matière de réalisme et de naturalisme, de critique des valeurs établies et de remise en question de la vision accréditée de l'homme, de la vie et du monde, ailleurs en Europe. Or Ibsen le dit dès sa toute première tragédie, *Catilina* (1850, il a vingt-deux ans) : il l'a écrite « sur un pied de guerre contre la petite société où il était contré par les conditions de vie et les circonstances[1] ». À propos de *Peer Gynt*, dans une lettre qu'il écrit au roi le 15 avril 1866, il précisera que sa « mission vitale » (*livsgjerning*) telle qu'il la voyait était de « réveiller le peuple et l'amener à penser grand » (*tænke stort*), chose qu'il avait faite, dans un sens positif, avec *Brand*, dont *Peer Gynt* n'est que la contre-épreuve.

En fait, ce souci ne le quittera jamais. C'est que la tâche était rude. Pour citer Maurice Gravier[2], il était plus qu'audacieux de violer les tabous ou de refuser les usages dans « cette Norvège refermée sur elle-même, nationaliste, romantique et bigote » que le jeune auteur connaissait depuis son enfance. Jusque-là, elle vivait, cette Norvège littéraire, dans un romantisme idéaliste tout droit sorti des écoles allemandes dont le Nord était l'élève docile ou, en matière de pensée et de religion, dans un platonisme à colorations chrétiennes bien marquées. Opposer l'idée à la réalité, l'esprit à la nature, relevait du jeu de l'esprit plus que de l'engagement sincère. Or, ce que voulait le futur auteur d'*Un ennemi de la société*, c'était rompre carrément en visière avec la *skinnmoral*, un terme bien difficile à rendre en français, disons la morale des apparences (*skinn* renvoie

1. Même si cette déclaration figure dans la préface à la deuxième édition de la pièce, en 1875 donc. L'audace du propos rend compte, sans doute, du fait qu'il avait publié son texte sous le pseudonyme de Brynjolf Bjarme.

2. Dans son *Ibsen*, 1973, p. 6.

à « peau »), tout un ensemble d'attitudes superficielles et ostentatoires que représentera exactement le personnage de Helmer, dans *Une maison de poupée* précisément. Désormais, il s'agira de dresser l'individu en face de « la majorité compacte », d'exalter le rêve d'une vie libre ou libérée contre les contraintes sociales et morales de toutes sortes, d'affirmer les droits du présent devant les spectres du passé (les « revenants »). « Esprit de vérité et esprit de liberté… voilà les soutiens de la société », s'écrie le porte-parole qui s'exprime dans la pièce ainsi intitulée.

Entendons bien, d'ailleurs, que, si Ibsen n'a pas poussé l'engagement aux limites extrêmes de son maître Kierkegaard qui y perdit la santé et la vie, il a tout de même payé de sa personne, chose à laquelle on ne prête pas assez attention, d'ordinaire. Il a, pour élaborer le meilleur de son œuvre, accepté un exil de vingt-sept ans – les meilleurs de sa vie – en Allemagne et en Italie. Nous avons beau savoir que cette attitude fut assez commune parmi les représentants scandinaves de cet intense mouvement d'émancipation[1] que fut le *gennombrott*, la valeur de sacrifice et, certainement, de souffrance qu'aura représentée, pour un patriote aussi convaincu, une si longue absence ne saurait être escamotée. Il n'entrait assurément pas dans son caractère de jouer les héros mais, à sa mesure et sans fanfare, cette décision mérite d'être prise en compte. Et nous apprécions certainement mal la violence du véritable scandale que provoqua une pièce comme *Les Revenants*, où étaient exposés sur scène, sans ambages ni euphémismes, des sujets absolument interdits comme les maladies sexuelles réputées honteuses, l'inceste et l'euthanasie. On retrace complaisamment des thèmes, centraux, comme celui de la « double morale » qu'il faut éradiquer : l'une, pour l'homme, faite d'indulgence et de tolérance (il faut que jeunesse se passe), l'autre, pour la femme, intransigeante et sans appel. Ces vues sont devenues non seulement désuètes mais passablement ridicules à

1. Presque tous les grands noms du *genombrott* auront suivi cet exemple, mais aucun sur un aussi long laps de temps.

nos yeux. Mais replacez-vous, s'il vous plaît, en 1880 : oser dénoncer cette dichotomie, avoir le courage de la récuser, c'était plus que scandaleux, c'était insensé. On a dit du Dr Stockmann, personnage central d'*Un ennemi du peuple*, qu'il avait des traits d'Ibsen[1] lui-même. Certes ! On est finalement en droit de se demander comment il se peut que de tels brûlots aient pu être publiés, voire joués, à l'époque. Encore que ce n'ait pas été sans peine : *Les Revenants* (1880) ont attendu longtemps avant de paraître en Norvège ; ce sont les États-Unis (Chicago, 1882) puis la Suède (Hälsingborg, 1883) qui ont d'abord accueilli la pièce. La Norvège mettra du temps à accepter cette production de l'un de ses enfants. Tous ces chefs-d'œuvre que nous voyons représentés, de nos jours, sur toutes nos scènes[2], dans toute l'Europe et ailleurs[3], nous oublions qu'ils furent plus ou moins honnis lorsqu'ils virent le jour : ce sont l'Allemagne, l'Angleterre, la France qui ont assuré le succès de l'auteur de *Hedda Gabler* ; il est devenu célèbre en son pays par contrecoup, comme il arrive parfois, mais, sans ce prestige extrême qu'il avait acquis à l'étranger, il est bien probable qu'il aurait connu, chez lui, un temps de purgatoire considérable. Lors donc que l'on insiste sur sa valeur de révolutionnaire, il faut bien voir que ce n'est pas façon de parler : il fut vraiment à la source du modernisme non seulement norvégien mais scandinave, tout court, dans la mesure, de plus, où sa voix n'a pas atteint bien au-delà des frontières du Nord. Voyez, pour y revenir, l'étonnant retentissement d'*Une maison de poupée*, de nos jours encore. C'est le type même de l'œuvre qui dérange, sur le compte de laquelle les commentateurs s'échinent à l'envi car, même

1. Ou d'autres « dynamiteurs » norvégiens de la même époque comme Bjørnson ou Jonas Lie.
2. Rappelons, par exemple, qu'il ne se passe pas de saison théâtrale, à Paris et dans sa banlieue, sans qu'une ou plusieurs pièces d'Ibsen soient jouées, y compris à la Comédie-Française !
3. On méditera le fait, sans trop y attacher de signification politique, qu'*Une maison de poupée* a été la première pièce occidentale à être représentée à Pékin après le passage au communisme !

en nos temps de féminisme fracassant et d'émancipation de toutes les règles, on n'a toujours pas épuisé la richesse de son « message » !

Thèmes, schémas, personnages

Aussi vaut-il certainement la peine de nous attarder un peu sur les thèmes principaux d'une œuvre dont la marque est, d'abord, la solidité et la fidélité à elle-même. Je n'entends pas dire par là qu'elle fut monolithique et imperturbablement semblable à elle-même du commencement à la fin ; au contraire, nous allons voir qu'elle subit une évolution caractéristique. Mais on est en droit de penser qu'elle sera restée constamment fidèle à ses prémisses et que ses infléchissements sont demeurés conformes à sa ligne de plus grande pente. Nous avons vu les assises kierkegaardiennes, il n'est pas contestable que, sans l'auteur de *Crainte et tremblement*, je ne dis pas que cette inspiration n'aurait pas fini par prendre son essor, mais elle aurait sûrement eu peine à décoller. Et il est bien remarquable, en vérité, de constater ce fait, tant le penseur danois s'accordait à ce qu'il peut y avoir de plus profond dans toutes ces idiosyncrasies scandinaves ! Admettons que le luthéranisme à fortes colorations puritaines qui régnait sous ces latitudes et à cette époque ait fini par exaspérer les meilleurs esprits tout en édictant des règles strictes dont il s'agissait de savoir si, oui ou non, elles étaient appliquées. Convenons encore que, toujours comme Kierkegaard, les meilleurs esprits aient été scandalisés par le décalage ambiant entre principes noblement affichés et réalisations courantes (on sait que Kierkegaard terminera sa vie dans l'exécration des attitudes substituées à la véritable pratique). N'omettons pas non plus de rappeler qu'un bon esprit du Nord a toujours nourri, serait-ce à son insu, un rêve de radicalisme ou d'« absolutisme », qui nous vaut à intervalles de ces œuvres « raides » qu'illustre si bien le titre kierkegaardien *Ou bien... ou bien*, sans moyen terme, par conséquent ! Soyons sans indulgence et notons encore que la passion du système est aussi l'un des péchés mignons de ces consciences.

En fait, il faudrait lire et méditer la plus grande de ses pièces de jeunesse, *Les Prétendants à la couronne* (1863), car, avec toutes ses imperfections et ses longueurs, elle situe exactement la perspective selon laquelle s'orientera toute la production à venir. Il est notable, du reste, que ç'ait été Ibsen lui-même qui l'ait mise en scène à Christiania. Le motif central en est, bien entendu, la vocation individuelle (*kall*) à laquelle il faut que l'individu fasse droit s'il veut, d'une part, réussir aux yeux de ses contemporains, d'autre part, s'accepter lui-même. À condition, cela va sans dire, que cette vocation serve de grands idéaux un peu ostentatoires qui s'appellent responsabilité, sens de la mission : dans une acception très cornélienne, le héros ibsénien entend demeurer fidèle jusqu'au bout à la plus haute idée qu'il s'est faite de lui-même. Et le roi Håkon, dans cette pièce, incarne exactement cette attitude. Il est celui qui sait ce que signifie être roi, il est l'élu qui nourrit « une grande idée » pour la Norvège, savoir en faire « un peuple » au-delà des dissensions provinciales, historiques ou claniques. Mais il ne nous est pas donné, dans cette œuvre, comme unique et d'une seule pièce : il a clairement été conçu par antithèse, en face de son beau-père et également prétendant à la couronne, le jarl Skule. Lequel est un être de doute et de questionnement, sans garde-fou ni assurances – et qui, donc, périra. Mais le « donc » qui vient de me venir sous la plume ne vaut que pour l'Ibsen de trente-cinq ans qui a créé ce personnage et posé cette antinomie. Son attitude changera considérablement au cours de sa vie ! N'importe ici : ce qui est essentiel, c'est que, d'emblée, Ibsen a mis en pleine lumière ce couple vocation-doute qui demeurera d'un bout à l'autre de l'œuvre tout à fait fondamental.

Le premier terme du diptyque, vocation, s'exprime en majeur, et avec la brutalité que j'ai dite, dans *Brand ; a contrario*, il surgit de manière un peu inopinée avec une étrange figure comme *Hedda Gabler*, dont on peut dire, en première approximation, qu'elle souffre avant tout de n'avoir pas su donner un but, un sens à sa vie. Mais prenons-y garde : le bon poète que fut aussi Ibsen, auteur de très beaux morceaux comme « Sur les hauteurs » ou de péans au héros de son cœur comme « Terje Vigen », n'était pas un naïf. Il savait bien, le personnage de Brand en est une bonne illustration, que vouloir satisfaire à sa vocation sans nuances menait à la destruction. Aussi a-t-il d'abord cherché, cherché avec insistance une voie moyenne qui atteindrait tout de même le but envisagé.

Il s'en est ouvert dans l'injouable *Empereur et Galiléen*, en ses deux longues parties, où il a ébauché une sorte d'idéal, ce « troisième empire » qui est différent de l'empire de la connaissance tout comme de celui de la Croix : « Le troisième empire est l'empire du grand secret, l'empire qui sera fondé sur l'arbre de la connaissance et sur l'arbre de la croix, ensemble, parce qu'il les hait et les aime tous les deux et parce qu'il a sa source vivante sous le jardin d'Adam et sous le Golgotha. » Appliquée comme elle l'est à Julien l'Apostat, cette réflexion ne laisse pas de désarçonner et, à des yeux cartésiens, elle pèche certainement par ambiguïté ou par un flou difficilement intelligible. La pièce est de 1873, elle marque précisément la rupture avec les œuvres de jeunesse, historiques et nationales, et laissera la place aux œuvres « sociales » et modernes qui posent les grands problèmes dont nous avons fait l'esquisse. Dans l'optique où nous sommes ici, elle représente sans doute un effort pour sortir de l'opposition vocation-doute dont nous sommes en train de parler. Il aimait dire lui-même, d'ailleurs, que c'était son « œuvre principale ». Le moins que l'on puisse dire est qu'elle ne convainc pas ; Hegel est passé par là avec toute sa systématique et, malgré ce que l'on a dit plus haut, ce n'est pas là le climat normal de la respiration mentale d'Ibsen.

Car c'est ici que l'étude devient passionnante. Au fur et à mesure que nous progressons dans la connaissance de l'œuvre, nous voyons l'auteur abandonner peu à peu ses belles certitudes et ses mots d'ordre bruyamment claironnés. Il a d'abord été convaincu, nous le savons, que le monde entier était en quête d'une foi, d'une vocation. Ses porte-parole étaient certains d'avoir une « passion vitale » qu'il importait de traduire en actes, car là était leur vérité, il n'en est pas d'autre, leur vie était à ce prix, et comme il faut être libre pour mener un pareil procès, ils voulaient l'être, souverainement.

Seulement, l'âge et l'expérience venant, de redoutables question se posent : est-il *possible* de vivre de la sorte ? L'air que l'on respire « sur les hauteurs » est-il tonique ou mortel ? Après tout, Brand tue son enfant, sa femme et lui-même dans cet effort démesuré. Et plus encore : de telles attitudes sont-elles souhaitables ? L'expérience prouve qu'il existe des laissés pour compte – nous dirions des marginaux – comme c'est le cas dans l'une des plus extraordinaires pièces du dramaturge, ce *Canard sauvage* sur lequel ont si stupidement ironisé les « bons » critiques d'il y a un siècle. À vouloir exposer de ronflants idéaux, tout ce que l'on gagne, c'est de provoquer le suicide d'une enfant de quatorze ans. Car… peut-on être sûr de ne jamais se tromper ? Il y a, tout au fond de cette réflexion, un manichéisme latent, qui nous vaut ces subtils jeux d'ombre et de lumière ou même, à la limite, comme dans *John Gabriel Borkman*, ces écarts entre folie et raison qui feraient penser à des réalisations de type expressionniste du genre Strindberg, mais en plus souple, plus feutré. « L'esprit de compromis, c'est Satan. » Soit ! Mais si la vie, la vie réelle, vécue au jour le jour était, presque régulièrement, un compromis ?

Et surtout… Prenons garde au véritable sens des *Revenants*. Mme Alving, affolée par la situation vraiment impossible dans laquelle la mettent ses « deux » enfants, découvre tout soudain, par l'intermédiaire de son fils Oswald, que le bonheur est un droit de la personne humaine, qu'il faut tout faire pour sauvegarder cette prérogative essentielle. Et le bonheur humain est-il compatible avec la satisfaction de la vocation au sens où nous l'avons entendue depuis le début ?

Ainsi, au fur et à mesure qu'avance la production, nous voyons le redoutable astre mort du doute, non pas se lever car il est présent dès le début, mais prendre une importance croissante. J'ai toujours tenu que c'était cela, en définitive, et non pas les mots d'ordre trop légèrement mis en relief, qui faisait la grandeur et la profondeur de ce théâtre : cette montée angoissante d'un pessimisme dont on sent bien qu'il ne doit pas tellement sa force à la vieillesse qui vient, mais qu'il part d'une sorte de certitude intérieure que tout un pan de l'œuvre se sera efforcé de masquer. Il y a eu un temps où Ibsen dénonçait avec acharnement ce qu'il appelle le « mensonge vital » (*livsløgn*) : comprenons le mensonge dont nous nous rendons coupables chacun à l'égard de soi-même, l'opinion complaisante que nous avons de nous-mêmes, l'illusion que nous chérissons selon laquelle nous nous croyons fort, beau, bon, intelligent, etc. Peer Gynt est un parfait exemple de cette attitude. Et donc, de dénoncer avec brutalité, avec hargne, ces faux semblants, cette hypocrisie. *Un ennemi du peuple* est exemplaire à cet égard. Mais… et si nous ne pouvions nous passer de ce mensonge ? Et si cette habitude chère de nous entretenir dans de douces quoique fallacieuses chimères ou illusions était indispensable à notre existence ? Si la relativité était la loi constante de notre présence ici-bas ? Encore une fois, c'est la petite Hedvig du *Canard sauvage* qui est certainement le porte-parole le plus éloquent, à son insu, bien sûr, et *a contrario*, de ce que l'on est fondé à tenir pour un des traits les plus profonds de cette réflexion. Elle meurt des conséquences des propos inconsidérés d'une brute plus appliquée à débiter de belles mais dangereuses paroles qu'à essayer de cerner l'imprévisible, l'inexplicable chaleur de la vie.

Et, du coup, l'intérêt de cette œuvre superbe rebondit et acquiert une coloration d'un modernisme rare. Ces hommes, ces femmes qu'Ibsen aime tant se faire affronter, chacun suivant sa voie propre sur une basse continue qui n'est qu'un temps l'obédience à de grands idéaux religieux ou moraux affichés, mais qui finit toujours par déboucher sur une saine revendication des droits de la personne humaine, unique et irremplaçable dit-on en christianisme, ils laissent superbement de côté toutes les classifications datées. Je suis parti du classicisme de cet écrivain : on sent bien que le romantisme a appâté, un temps, cette inspiration, et l'on ne voit pas comment il eût pu en aller différemment. Mais il faut admirer la rapidité, en somme, avec laquelle Ibsen se dégage de toute école.

Il reste à dire le principal. Qui se lit dans l'étrange dernière scène, ambiguë s'il en fut jamais dans ce théâtre si fertile en rebondissements inattendus, de *Brand*. Lequel, avec toute sa bonne volonté, avec sa volonté forcenée, tout court, meurt en interrogeant Dieu qu'il a si bien pensé servir de toutes ses forces et de tout son dogmatisme. Et la dernière réplique que l'on entend est « Il (Dieu) est *deus caritatis* ».

Après tout, et c'est une dimension qui, je ne sais pourquoi, est assez rarement mise en avant : dans toutes ces pièces, sans exception, il y a un personnage, passif en général mais ce n'est pas obligatoire, qui aime, qui va jusqu'au bout de son amour, en toute innocence, en toute candeur, et qui rachète les autres, qui justifie la marche du monde, qui donne un sens à la, à notre vie. Prenez Nora d'*Une maison de poupée*, qui a sincèrement cru que l'acte qu'elle avait accompli, n'importe qu'il allât contre les conventions bourgeoises de la respectable morale, lui serait évidemment pardonné parce qu'il partait d'un amour total ; prenez Solveig dans *Peer Gynt* : ce « pauvre type » sera, lui aussi, sauvé parce que cet amour d'une femme qui aura veillé toute sa vie durant, attentif à sauvegarder cela seul qui ne peut périr, dote en définitive son être de la seule dimension qui vaille ; et retenez la leçon dernière de *John Gabriel Borkman :* « Le pire péché, c'est de tuer la vie d'amour en un être humain. » À l'inverse, les véritables « maudits » de cet univers, ce sont ceux qui n'ont pas su, pas pu, pas voulu aimer dans le désintéressement et l'abnégation Hedda Gabler, Werle, Manders, tant d'autres.

Dans une certaine mesure, on dira que cette interprétation pèche peut-être par sa banalité. Depuis deux millénaires que dure notre culture judéo-chrétienne, nous savons bien que l'Amour, avec majuscule, est, en dernière analyse, la valeur souveraine responsable et de notre existence et de notre comportement. Et sans doute l'a-t-on galvaudée, réduite, elle aussi, à un vocable trouble derrière lequel il est trop facile de se réfugier. Car elle est d'une telle évidence à qui veut bien se donner la peine de regarder sans œillères. Et elle se rencontre si rarement dans toute sa lumière aux yeux de qui entend ne pas se payer de mots. En somme, c'est aussi par amour que le maître constructeur Solness gravit sa tour, dont il sait bien qu'il ne redescendra pas vivant. Le jeune Knut Hamsun, dans sa rage iconoclaste, avait tout de même bien vu cela lorsqu'il consignait les jugements à la fois cyniquement injustes et, d'aventure, cruellement pertinents sur « l'extraordinaire composition énigmatique qui commence par *Le Canard sauvage* et qui vient (il écrit en 1897) de culminer avec l'aberration extrême intitulée *La Dame de la mer* ». Il voulait probablement dire que ces personnages n'étaient pas, à ses yeux, *vrais* ! Parce que, connaissant les pistes d'inspiration que l'auteur de *Faim* suivait lui-même, il ne s'intéressait pas aux grands idéaux qui peuvent sonder nos reins et nos cœurs et dicter notre conduite, mais à l'étrange vie de l'âme[1], laquelle se joue de tous les

1. Ces vues sont exprimées avec clarté dans son célèbre article « De la vie inconsciente de l'âme », voir la traduction française de R. Boyer : *De la vie inconsciente de l'âme et autres articles*, Nantes, Joseph K., 1994.

mots d'ordre possibles pour obéir à d'obscurs diktats inscrits dans nos fibres, en quelque sorte. Et il est bien clair, il faudra y revenir, qu'Ibsen aura peiné toute sa vie à tenter de concilier les grands mots d'ordre qu'il avait assignés à sa quête dramatique et les constatations que son intuition géniale voyait bien surgir au détour de chacune de ses investigations.

C'est pourquoi il faut prendre garde à l'extrême à sa toute dernière œuvre, qu'il a lui-même intitulée « épilogue dramatique », ce *Quand nous nous réveillerons d'entre les morts* (mais le titre exact est bien plus explicite, *Når vi døde vågner* signifie proprement : Quand nous nous réveillerons, morts ! ou Quand nous, morts/ après la mort ?/, nous nous réveillerons) où le sculpteur Rubek et son modèle Irene, à défaut d'avoir eu « l'enfant » que devait être l'immortelle statue que l'art aurait tirée de la vie :/ « Lorsque nous nous réveillerons d'entre les morts ! – Eh bien, oui, que verrons-nous, en fait ? – Nous verrons que nous n'avons jamais vécu. » / se livrent, ensemble, au geste suicidaire qui les mène dans la montagne glacée dont ils savent qu'ils ne reviendront pas. Ils n'ont pas su faire vivre la vie, ils n'ont pas su faire l'amour autrement que dans une œuvre sans chaleur ni vérité. Ils symbolisent parfaitement l'ambivalence de notre condition, à leur manière, ils redisent, mais en termes exactement désespérés, cette impossible synthèse à laquelle nous aspirons tous et qu'aura tentée toute l'œuvre d'Ibsen, de la *Comédie de l'amour* au *Petit Eyolf*. Et, dans ces conditions, il est vain de vouloir proposer une ou des clefs à cette inspiration. Elle reste ouverte à toutes les interprétations du moment, son ambiguïté souveraine ne saurait s'accommoder de caractérisations datées. Elle est de nous, de toujours et partout : en quoi, j'y reviens avec obstination, elle est tout à fait classique. C'est ce que voyait fort bien le grand critique suédois Martin Lamm lorsqu'il disait que le drame ibsénien « est la Rome du drame moderne : tous les chemins y mènent ou en partent ». Et n'est-ce pas ce que nous lisons dans *Catilina* déjà (l'auteur a vingt-deux ans :

> La vie n'est-elle pas un combat constant
> entre des forces hostiles dans l'âme –
> et ce combat est la vie propre de l'âme…

ÉCRITURE ET COMPOSITION

Ces quelques vues théoriques, pour indispensables qu'elles soient, d'évidence, ne doivent pas masquer, cependant, l'importance de la part disons technique de ce théâtre. Avançons un autre truisme : le drame ibsénien, c'est d'abord une maîtrise achevée de la composition et aussi de ce que nous appelons aujourd'hui la scénographie. Ibsen fut metteur en scène quelques années de sa vie, tout au début de sa carrière, et il suffit de lire les indications qu'il donne sur la façon de monter ses pièces, l'organisation du décor, les jeux de scène, la tenue des personnages, etc., pour se convaincre de la qualité de cette part de son génie. Un simple détail : les précisions qu'il donne, généralement dès la première scène de ses drames, sur l'agencement de la scène, la disposition des meubles, l'économie des éclairages, prouvent qu'il apportait la plus grande attention à cet aspect de son art. Il lui arrive de s'exprimer avec grande rigueur sur la manière dont il entend que tel rôle soit joué. Ainsi à propos de Hjalmar Ekdal, dans *Le Canard sauvage* : « Il ne faut pas jouer ce rôle avec quelque chose de parodique dans l'expression, il ne doit pas y avoir trace, chez l'acteur, de la conscience que, dans ses déclarations, il y aurait quoi que ce fût de nuance comique. Il a dans la voix quelque chose qui vous conquiert le cœur, dit Relling, et il faut s'y tenir avant tout. Sa sensibilité est honnête, sa mélancolie, belle dans sa forme ; pas le moindre soupçon d'affectation. »

Sur le fond même du genre qu'aura illustré à peu près exclusivement Ibsen[1], le théâtre donc, il aura été marqué, très tôt, par un essai de l'Allemand Hermann Hettner, *Das moderne Drama* (1852) : il y était dit que le drame historique ne devait être qu'un prétexte à l'exposition de conflits psychologiques indépendants du temps et du lieu, précepte qu'il mettra en application dans tous ses essais de jeunesse ; et lorsqu'il décidera de passer aux pièces « en complet-veston » et aux incidences sociales, voire politiques, il restera fidèle au principe dont j'ai souligné plusieurs fois maintenant la valeur classique. Le fait, s'il faut y revenir, est méritoire : il est, finalement, plus difficile de dégager des composantes spatio-temporelles précises qui les définissent de prime abord, ces petits drames bourgeois et bien norvégiens que sont, par exemple, *Les Revenants* ou *Un ennemi du peuple*, sans parler du *Canard sauvage*, dont le symbole porteur (le canard en question) s'entend assez difficilement en dehors de la culture qui l'a suscité ! Et même *Peer Gynt*, dont il serait vain de vouloir négliger les éléments strictement norvégiens, ne peut s'entendre sans une connaissance au moins élémentaire de tout l'appareil, que nous dirions folklorique, qui imprègne la pièce. Et pourtant, ces caractéristiques si bien situées, si nettement datées n'empêchent nullement le metteur en scène d'aujourd'hui de proposer des visions d'ordre universel ! Allons plus loin encore : *Une maison de poupée* peut

1. Mais on n'oubliera pas qu'il a composé bon nombre de poèmes dont certains peuvent servir à l'intelligence de l'œuvre. Edvard Grieg en a mis quelques-uns en musique, notamment « Un cygne ». Toutefois, après la publication du recueil de ses *Poèmes* (*Digte*) en 1871, il cessera tout à fait de sacrifier à ce genre – encore que certaines de ses pièces, comme *Peer Gynt*, fassent volontiers accueil à des compositions poétiques –, sans doute parce qu'il entendait ne plus se consacrer désormais qu'au théâtre. Pareillement, il a envisagé, à un moment de sa vie, en 1880, de rédiger son autobiographie : il y a renoncé également. Et l'on a déjà noté que ce fut aussi un peintre de qualité : on lui connaît une bonne soixantaine de tableaux ou de décors qu'il a dessinés lui-même.

paraître poser en force des thèmes tout à fait inscrits dans la problématique de l'Europe de la fin du XIXe siècle (féminisme, émancipation de la femme notamment) dont il paraîtrait malaisé de se dégager : tel est pourtant bien le cas, comme on l'a déjà donné à entendre. Je ne cherche pas à faire valoir, par là, le rôle primordial qu'aurait joué l'essai de Hermann Hettner, tant il est clair que ses vues recoupaient les intuitions profondes ou les aspirations inaliénables d'Ibsen. Disons simplement qu'il y a eu là, comme il arrive souvent, une rencontre heureuse.

Ajoutons ceci encore : on oublie, de nos jours, que le grand maître de l'époque, en fait d'écriture théâtrale, fut le Français Eugène Scribe avec sa fameuse « pièce bien faite » bâtie autour du « triangle » formé de l'homme, de sa femme et d'un troisième personnage qui est tantôt l'amant de la femme, tantôt la maîtresse de l'homme. Sur ce fond, toutes les combinaisons sont possibles, le spectateur n'attendant pas tellement une résolution originale du conflit qu'une habile présentation de l'intrigue à partir de ce schème directeur. Des auteurs comme Émile Augier ou Alexandre Dumas fils avaient assuré, en France, une fortune à ce mode d'écriture. Or, dès *Dame Inger d'Østråt* (1855), qui fut le premier grand succès d'Ibsen, tous les éléments sont en place pour donner ces petites merveilles de mécanique comparables aux mouvements d'horlogerie que sont à peu près tous les drames ibséniens[1] : sur le strict plan de l'agencement, c'est-à-dire de l'organisation en actes, scènes et plans, de la succession des péripéties, des « coups de théâtre » et de la structure profonde qui sous-tend la progression de l'intrigue, on ne saurait trop admirer, par exemple, *Une maison de poupée*, dont il est juste de dire que, dès les toutes premières scènes, tous les

1. On fera une exception, bien entendu, pour *Empereur et Galiléen*, voire *Brand* ou *Peer Gynt*, qui n'étaient pas écrits pour être représentés (c'étaient, de l'aveu de l'auteur lui-même, des *lesedrama*, des drames destinés d'abord à être lus, ce qui ne préjuge pas de leur possible adaptation pour la scène), et pour *Un ennemi du peuple*, qui est la seule de ces pièces à manifester quelque faiblesse sur le plan de la facture.

éléments sont en place pour orienter l'évolution à venir ; les apparitions des divers personnages, par couples avec, presque toujours, un isolé (ici le Dr Rank) qui catalyse en quelque sorte les évolutions des autres, sont d'une admirable perfection. De même, Ibsen obéit docilement, en règle générale, aux lois d'unité de temps et de lieu – autres traits classiques ! Et l'action elle-même est presque toujours si dépouillée, de type tellement linéaire que l'on pourrait résumer chaque pièce en quelques phrases, à partir d'un argument central qui est posé, puis détaillé, puis coloré selon ses incidences essentielles pour déboucher logiquement sur un dénouement prévisible à longue distance. C'était la première fois qu'en Norvège on proposait ainsi un drame en prose se déroulant dans un milieu contemporain. De plus, chaque personnage a son style propre, ses tics d'expression, sa syntaxe personnelle et jusqu'à son vêtement qui n'est jamais indifférent. La virtuosité avec laquelle l'auteur se joue des difficultés qu'il accumule volontairement est tout à fait admirable : ainsi, *Le Canard sauvage* – qui, c'est une exception, ne se déroule pas dans un milieu bourgeois aisé – pousse le réalisme à des limites. Le subtil dosage de tragique et de comique (le personnage du vieil Ekdal) désarçonnait la critique, mais l'on voit bien qu'il est nécessaire si l'on veut garder à l'ensemble un minimum de vraisemblance. Et il y a un fond de tendresse, finalement assez rare dans ce théâtre, dans la présentation de Hedvig (tout comme dans celle de Nora).

On peut s'attarder un instant. Il y a beau temps que l'on a fait valoir la technique, tout à fait neuve pour l'époque, de ce qu'Edvard Beyer[1] appelle « la rétrospective analytique ». De quoi s'agit-il ? Lorsque se lève le rideau, tout paraît normal, nous sommes confrontés à des situations que nous connaissons tous, les personnages paraissent équilibrés, ils n'ont, semble-t-il, pas de problèmes graves à résoudre. Puis on découvre, progressivement, par touches rapides, qu'un événement décisif

1. Dans son *Henrik Ibsen* qui, sous sa forme ramassée, demeure l'une des études les plus pertinentes qui aient jamais été menées sur le sujet.

s'est produit dans le cours de leurs destinées, qui peut être tout proche ou, au contraire, très lointain : Nora a fait un faux un jour, la famille du consul Alving souffre de tares inavouables (il y a, en termes norvégiens, « un cadavre dans la cargaison »), Ellida (la dame de la mer) a aimé un jour le beau marin qui revient hanter sa maison, etc. Ce sont là les véritables « revenants » qui resurgissent à point nommé. Le spectateur mesure peu à peu leur importance, leur gravité fatale, il juge de mieux en mieux les terribles conséquences qui s'ensuivront, il voit se dessiner sous ses yeux, d'abord en filigrane puis de plus en plus clairement, les contours de la tragédie qui débouchera sur la catastrophe. Le tout sans emphase ni démesure, avec une logique interne d'une rigoureuse nécessité, dans une économie de moyens réellement étonnante. En sorte que, lorsque la dernière réplique est tombée, on sent bien qu'il ne se pouvait pas, *ab ovo*, que le dénouement fût différent. C'est donc à une manière de re-connaissance que nous sommes conviés, et le coup de pistolet de Hedda Gabler, qui est la dernière chose que nous entendions avant la phrase atterrée du machiavélique Brack pris au piège infernal de ses machinations (« Mais miséricorde… On ne fait pas des choses pareilles ! »), est non seulement attendu mais nécessaire. Voilà également pourquoi on chercherait vainement des épisodes adventices ou inutiles dans ce théâtre : tout est étudié avec un soin extrême, ce dont nous convainc d'abondance un examen des nombreuses variantes que nous livre la tradition manuscrite, on pense à ces puzzles dont il est impossible de retirer une pièce sans provoquer l'effondrement de l'ensemble.

Théâtre de la rigueur s'il en fut jamais : l'action prime tout, tout lui est sacrifié, les états d'âme sont absents, nous ne sommes gratifiés que de l'essentiel indispensable. Aussi faut-il prêter une oreille fort attentive à l'art du dialogue : pas un mot superflu, rien qui pèse ou qui pose : on pourrait parler, en termes chers à Nathalie Sarraute, de « sous-conversation », les propos échangés n'étant visiblement que l'écume d'une vaste mer que nous ne faisons qu'entrevoir.

Une fantastique lumière règne sur cette œuvre. Une véritable lumière du Nord, dont les pouvoirs de transfiguration, de dédoublement, d'irréelle lucidité sont ici pleinement pris en compte. Nous ne sommes pas tenus d'aller à des morceaux de bravoure, en ce domaine, comme *Brand* où tout est blanc, ou *Rosmersholm* dominé par la grisaille. Il y a une *exigence* absolument impérieuse au fond de cette inspiration. Il lui arrive de coïncider avec les idées et les sentiments, notamment dans les œuvres de jeunesse, et si le terme puritanisme m'est déjà venu sous la plume, ce n'est pas nécessairement dans son acception strictement religieuse ou éthique. Une sorte de rage de pureté anime toutes ces pièces, sans exception : elle n'est jamais mieux dite que dans *Une maison de poupée*, jamais plus forcenément que dans *Brand* (et l'on n'oubliera pas la contre-épreuve de cette dernière pièce, *Peer Gynt*, donc, ou l'équivalent politique de celui-ci, le Stensgaard de *L'Union des jeunes*, qui ne démentent pas cette affirmation). Peut-être, à la limite, ce pessimisme, ce doute dévastateur dont nous avons parlé tiennent-ils à la conscience cruelle d'une incapacité incontournable à atteindre l'essence de cette quête. Après tout, le « personnage » principal des *Revenants* est le soleil, tout simplement, c'est lui le dernier nommé dans la pièce, et nous savons bien qu'il ne se peut regarder en face ! Or nous sommes fondés à dire que, dans son « honnêteté » (*redelighet*, encore un terme fondamental pour qui s'essaie à pénétrer ces mentalités scandinaves), les beaux esprits diront peut-être sa naïveté, Ibsen a réellement essayé d'atteler son char à cette étoile. Qu'il n'y ait pas, sur le fond, réussi, cela saurait-il étonner ? Mais qu'il soit allé si loin dans cette entreprise, qui l'en accusera ? Œuvre grave, œuvre austère, soit ! Pour le « Latin » qui lira ces lignes, œuvre excessive, d'aventure… Dira-t-on, tout de même, que ces préoccupations soient étrangères à tout être humain qui entend ne pas se refuser à ces interrogations cruciales, gênantes, mais inéluctables ?

Et nous venons de voir luire le soleil… Cela me met en état d'essayer de liquider, sur le fond, une ancienne querelle portant sur ce théâtre. Étant donné les dates auxquelles il a vu le jour, on n'a pas manqué d'en faire une œuvre symboliste[1]. Ce qui ne laisse pas de surprendre puisque, en même temps, on voulait y voir l'expression même d'un réalisme critique (social ou politique, voire idéologique) appliqué à ne pas ruser avec les grands problèmes courants de l'heure, à telle enseigne qu'une pièce comme *Un ennemi du peuple* trouve aujourd'hui une actualité inattendue puisqu'en somme l'argument revient à une lutte contre la pollution due au machinisme moderne. Mais, en vérité, il est bien difficile de réduire ces drames à des essais français fin de siècle !

En réalité, il paraît clair qu'Ibsen a voulu parler de son temps en termes accessibles à tous, selon des références que nous ne saurions désavouer. Et trêve de psychologie des profondeurs ! Je vois mal comment faire de *Hedda Gabler* un drame symboliste. En revanche, et comme, nous le savons, Ibsen entendait être également poète, et le fut expressément un certain temps de sa vie – dans la mesure où il n'est pas toujours demeuré fidèle à certains impératifs que dicte une vision du monde attachée à voir au-delà des apparences –, en sorte qu'il ne peut pas ne pas avoir été fasciné par des images, des rythmes souverains, des associations d'idées et de sentiments qui ne relèvent pas du réalisme plat. Mais ce n'est pas selon les canons de l'esthétique symboliste qu'il s'est exprimé. Le complet-veston, la robe d'intérieur, le piano droit supportant les portraits de famille, tout un fatras de traites, de chèques, de factures, d'assurances-vie, n'ont que faire des mots d'ordre de M. Moréas. En revanche, ce théâtre est tout plein de symboles, mais ils n'existent pas en soi, ils sont chargés de tirer à eux la réalité sordide, ils la dotent de la profondeur et de la chaleur qui lui manquent. Symboliste, non. Symbolique, sans aucun doute ! Et la

1. Rappelons que le Manifeste de cette école date de 1886.

démonstration est aisée. Nous parlions de ce passé omineux qui finit toujours par « revenir » pour dévaster notre confort moral ou intellectuel, un peu comme le manuscrit d'Ejlert Løvborg (son « enfant ») dans *Hedda Gabler*. Il se manifeste toujours sous forme de symboles richement polysémiques, ouverts à toute la diversité imaginable de nos réactions personnelles, de nos interprétations. Le plus immédiatement perceptible est, encore une fois, ce canard sauvage relégué au grenier, du photographe Ekdal, mais cherchons bien, il n'existe pas de pièce d'Ibsen qui n'en soit riche. Dans *Peer Gynt*, à peu près tout, des personnages (dont certains sont transparents sous leur vêture baroque, comme le fondeur de boutons) aux décors, des objets usuels aux épisodes apparemment anodins, tout a un sens second. Peut-être est-ce pour cela qu'Ibsen tenait tant à *Empereur et Galiléen* qui, en dernière analyse, ne nous parle pas d'autre chose. Ils sont parfois, ces symboles, d'une massiveté un peu voyante (la tour du constructeur Solness) ou d'une évidence qui admettrait plus volontiers litote ou euphémisme (la montagne de glace de *Brand*), mais ils sont d'une présence évidente, et certains sont d'une beauté ineffable, comme ces yeux humains qui changent de couleur selon l'état de la mer, dans *La Dame de la mer*.

Prenons simplement *Les Revenants* : nous venons de parler du soleil qui rassemble tous les vœux d'Oswald le dégénéré ; dans le Nord antique, soleil était au féminin (« la » soleil, *sol*), c'était très certainement la figuration la plus éloquente de cette archaïque Déesse-Mère ou Grande Déesse qu'ont adorée toutes nos religions à leur stade le plus reculé, « elle » n'était jamais cruelle, comme en Égypte par exemple, au contraire, elle apportait chaleur et fécondité, douceur et joie de vivre, cette joie de vivre, précisément, dont Mme Alving découvre soudain qu'elle est sans aucun doute l'essence même de notre condition, ce pour quoi nous devrions être faits. Il n'est pas indifférent qu'« elle » soit présente, par allusions ou directement, dans l'agencement même du décor comme dans les propos, d'un bout à l'autre de la pièce. Il y a donc une lecture « solaire » à proposer des *Revenants*, mais il n'empêche qu'avec tout son appareil d'amours ancillaires, de morphine et d'alcool, la pièce n'évolue qu'en seconde analyse sur ce plan hautement poétique.

« Je ne cherche pas des symboles, je dépeins des êtres humains » : Ibsen savait fort bien ce qu'il voulait dire par là. Regardons Rebekka West, dans *Rosmersholm*, création ambiguë et fascinante s'il en fut jamais. On perdra son temps à vouloir l'enfermer dans une définition tranchée parce que, comme le voulait l'auteur, elle est *demonisk*, pas exactement démoniaque, mais hantée de ce *daimon* grec qui sous-tend les apparences et les dépasse. Aussi est-elle inintelligible à son entourage. Réaliste ? Certes, nous avons tous fréquenté de pareilles créatures. Symbolique ? Oui, dans la mesure très précise où elle nous donne à entendre que nous perdons notre temps à vouloir « définir » un être humain.

Et c'est par là que je conclurai : il y a un Ibsen voyant, littéralement mené par ce qu'il faut appeler des images-forces dont l'irradiation appelle, suscite, crée la pièce que nous regardons. C'est la part – essentielle s'il faut le dire – poétique de son génie. Et depuis un siècle qu'existe la critique ibsénienne, tant d'« explications » ont été proposées de ces images que cela suffit pour assurer leur pérennité. Mais en dernier ressort, une fois que l'on s'est attaché à éclairer, justifier, démonter, il reste l'une des plus prodigieuses galeries d'hommes et de femmes que jamais créateur ait enfantées. Étonnamment vivants et vrais, incapables de se plier à une définition exhaustive, toujours ailleurs que là où nous voulons les mettre, toujours agissant, pensant ou sentant autrement que comme nous l'aimerions. Et c'est bien par là qu'ils sont classiques : ils ne souffrent pas de l'usure du temps. Chaque génération leur confère une coloration nouvelle. Ils sont nous et en nous, ils traduisent ce passionnant, cet irritant mystère de l'être qui ne finira jamais de nous aimanter.

Introduction à *Une maison de poupée*

Ajoutons quelques mots plus précisément destinés à *Une maison de poupée.*

Une maison de poupée (*Et dukkehjem*), et non *La Maison de poupée* ou *Maison de poupée* tout court. La présence de l'indéfini n'est pas gratuite. Elle tend à banaliser la situation, à lui conférer valeur universelle : une parmi tant d'autres semblables. Si commune est la situation qui va nous être présentée.

La pièce fut écrite à Rome et Amalfi en 1879 et publiée cette même année. Elle sera représentée pour la première fois à Christiania (Oslo) en 1880. D'emblée, elle provoquera âpres discussions et éreintements, louanges dithyrambiques et exaltations de tous genres. C'est la pièce d'Ibsen qui a été le plus traduite, le plus jouée, le plus adaptée aussi, les pasteurs la fustigèrent du haut de leurs chaires, les juristes débattirent les questions de droit qu'elle pose, les psychanalystes l'ont mise en fiches et, depuis la grande Eleonora Duse, il n'est pas d'actrice de premier rang qui n'ait tenu à jouer Nora. Strindberg – qui vouait à Ibsen une sorte de *Hassliebe*[1] – l'a éreintée dans *Mariés I*, mais c'était de bonne guerre ! C'est que, là, dans ses drames dits « modernes », Ibsen avait atteint d'un coup le faîte de sa gloire parce que sa formule était parfaitement au point, notamment ce principe de la rétrospective analytique, que nous avons exposé. On notera encore que le personnage de Nora le hantait, la Selma de *L'Union des jeunes*, qui remonte à une dizaine d'années plus tôt, était, elle aussi, prise entre son mari et son père et se révoltait pareillement contre eux parce qu'ils la traitaient uniquement comme une poupée, sans jamais l'associer à leurs soucis professionnels ou personnels. On trouverait aussi, dans *La Comédie de l'amour* et dans *Les Soutiens*

1. Attraction-répulsion.

de la société, des personnages féminins écartés du devant de la scène sous prétexte d'immaturité.

Mais il y a au moins deux erreurs graves d'interprétation qui doivent être vigoureusement dénoncées. Non, *Une maison de poupée* n'est pas la charte d'un féminisme dont nous savons l'ampleur qu'il avait prise en Scandinavie précisément, pour culminer à l'heure actuelle à des hauteurs assez vertigineuses ! Cela ne veut pas dire que la pièce ne puisse se prêter *aussi* à des interprétations que ne désavoueraient pas les tenantes du Women's Lib ou du MLF, mais ce serait lui faire grand tort que de la confiner là. Assurément, les idées qui peuvent sous-tendre les refus et le départ de Nora étaient « dans l'air » en 1867. Et même avant : Ibsen prisait fort un drame de l'Allemand Friedrich Hebbel, intitulé *Maria Magdalena* et datant de 1844, dont l'héroïne principale était victime de la morale bourgeoise conventionnelle bien que personnellement irréprochable. On aura beau jeu également d'invoquer la femme scandinave selon la tradition des sagas islandaises[1], « femme forte » s'il en fut jamais, qui partageait avec son mari, selon une complémentarité exemplaire, les responsabilités de la vie. Il en subsiste quelque chose dans les drames historiques du début de la carrière d'Ibsen. En France, Villiers de l'Isle-Adam avait, en 1870, dans *La Révolte*[2], créé un personnage féminin, Élisabeth, qui se révoltait contre les brimades que lui infligeait la société, bien qu'elle finisse par se soumettre, dans une perspective, donc, radicalement différente de l'œuvre norvégienne (il faut préciser qu'Ibsen n'avait pas eu, que l'on sache, connaissance de cette œuvre). Il convient d'ailleurs de remarquer que, devant l'indignation suscitée par son drame – on lui reprochait surtout d'avoir campé une mère abandonnant ses enfants –, Ibsen avait

1. Voir R. Boyer : « La femme dans les sagas islandaises », dans *Boréales*, n° 46/49 de 1991, p. 17-28.

2. Là-dessus, R. Boyer : « Elisabeth-Laura-Nora », dans *Literature and Reality : Creatio versus Mimesis*. Proceedings of the 11th Study Conference of the IASS, Université de Gand, 1977, p. 181-194.

envisagé de modifier la fin et de faire revenir à la maison une Nora résignée ! Chose qu'il désavoua par la suite : « Je peux presque avancer que c'est précisément pour la scène finale que toute la pièce a été écrite. » Enfin, on prendra soin de souligner que *Une maison de poupée* s'était aussi inspirée d'un fait divers authentique : Ibsen avait été mis au courant de la tragique situation dans laquelle s'était trouvée une certaine Laura Kieler. Elle avait effectivement fait un emprunt en secret pour sauver son mari, le professeur Viktor Kieler, malade, avait refusé d'avouer cette « faute » à son mari et tenté de se sauver par une fausse traite. Viktor ayant tout découvert, le couple avait divorcé. Et ne négligeons pas de rappeler des banalités : le pleutre Helmer est un bon porte-parole des anti-suffragettes dont on sait les ravages qu'elles firent, notamment en Grande-Bretagne, vers la fin du siècle. Et il est clair que l'opinion, qui n'est toujours pas totalement sortie de nos habitudes mentales, selon laquelle la femme est faite pour les « trois K[1] » (*Kinder*, *Kirche*, *Küche*, soit Enfants, Église, Cuisine), avait droit de cité à l'époque. Or, des enfants, il est question de bout en bout de la pièce, l'Église, en bon luthéranisme, est représentée par les préceptes moraux que prodigue Helmer, surtout dans la célèbre scène finale d'explications, et pour la cuisine, si elle ne figure pas au premier plan (après tout, c'est l'affaire des bonnes !), elle transparaît derrière l'ensemble du comportement de Nora, serait-ce à travers des attitudes qui conviennent à cette bonne bourgeoise, décorer l'arbre de Noël, manger en cachette des macarons, etc.

Mais s'en tenir là serait commettre une erreur de perspective grave. Ce qui intéresse Ibsen en Nora, ce n'est pas la Mère, ni l'Épouse, ni même la Femme à proprement parler. On pourra même s'étonner (s'indigner !) devant

1. La formulation est en allemand parce que, selon la Danoise Karen Blixen, autre apôtre impénitente du féminisme, elle serait due à l'empereur François-Joseph ! Voyez les *Essais* de Karen Blixen, éd. Des Femmes, 1987, le premier essai sur « Le mariage moderne et autres considérations ».

l'espèce de désinvolture avec laquelle elle se débarrasse des problèmes que ne manqueront pas de poser ses enfants (les bonnes s'en occuperont !) ou de « l'amour » – sincère, il n'en faut pas douter, et à sa piètre mesure, réel, cela va sans dire, mais selon un jeu de reflets au miroir du regard d'autrui qui détruit toute sa possible valeur – que lui voue Torvald Helmer. C'est que le banquier respectable et envié, bien assis dans sa condition en cette petite ville du Nord, n'existe pas en tant qu'homme, en tant qu'être humain. Il est de ceux que vomissait Kierkegaard parce qu'ils ont tué en eux toute prétention à l'essence. Ils ne sont pas vrais, nous dirions dans une optique bien existentialiste qu'ils ont perdu toute authenticité. Ce sont des *personnages*, à tous les sens du mot, c'est ce tout-puissant regard d'autrui qui vient d'être évoqué qui les définit et les fonde. Ils se doivent d'assumer leur place, leur situation. Ils sont ce que la société les a faits, ce sont, puisque nous sommes en existentialisme, sartrien en l'occurrence, de purs « salauds ».

Or – et c'est le second point, la seconde erreur dont il faut faire litière aussi – ce dont il est question dans *Une maison de poupée*, ce n'est pas de la Femme, de la Mère, de l'Épouse du banquier Helmer, c'est de la Personne humaine, ni plus ni moins. De ses devoirs, certes, mais surtout de ses droits imprescriptibles. Et il est parfaitement clair que, dans les circonstances sociales, il faudrait dire socio-historiques où elle se trouve, ne disons pas : elle n'a pas été « comprise », mais tout simplement, elle n'a jamais été envisagée comme être humain, les disciples chrétiens d'Emmanuel Mounier diraient : comme Personne. Voyez sa réaction lorsque Rank lui avoue pudiquement et in extremis son amour, Rank qui aurait pu la sauver avant que l'irréparable se produise. De lui, elle attendait de l'amitié, de la confiance, de la sympathie, de la compréhension. Mais l'amour tel qu'elle l'entend (et la désavouerons-nous ?) ne devait venir que de celui qu'elle aime et auquel elle a prouvé totalement – à sa mesure, dans ses limites – son propre amour. Et ce benêt, ce pleutre, ce futur important-ventripotent dont on vient de dire qu'il l'« aime », peut-être, à sa médiocre jauge, n'a rien compris, ne comprendra rien, semble-t-il. Il en est resté à ses alouettes et à ses écureuils. Sans parler de macarons. On le laissera sur ses interrogations imbéciles (« le miracle suprême » ?).

Du coup, ce qui est refusé à Nora, c'est d'être une Personne humaine capable (au sens où les théologiens définissent l'homme comme capable de Dieu) d'amour, capable de la totale liberté de l'amour, c'est en cela qu'elle se trouve annihilée. Aux banquiers et aux pasteurs dûment salariés (comme dirait Kierkegaard toujours) de condamner cette « pécheresse » (cette « folle »). Pour Nora, elle n'a plus qu'à tenter d'être elle-même, de vivre dans la liberté totale, la pureté véridique de son cœur d'enfant. On devine bien qu'elle n'y résistera pas, qu'elle sera brisée comme tant d'autres pèlerins utopistes de l'absolu : c'est bien la conclusion que, dans des circonstances analogues, Villiers de l'Isle-Adam, plus cruel, donnait à la révolte de son Élisabeth. Mais c'est dans cette perspective exacte que nous venons de dire, que Nora a fait ce geste. Elle a décidé d'être elle-même, elle ira jusqu'au bout de son amour, qu'elle ne confond pas avec de la pitié ni, bien sûr, avec de la tendresse. « On m'a fait grand tort, Torvald. D'abord papa, puis toi [...] Toi et papa, vous avez commis un gros péché contre moi » : peut-on être plus clair ?

Évidemment, cette affirmation tranquille du primat de la subjectivité, cette détermination à vivre une vérité qui serait une vérité-pour-moi, pour s'exprimer, encore une fois, comme Kierkegaard, prête le flanc, à courte vue, à d'innombrables critiques : c'est pour cela que l'on a voulu faire d'Ibsen l'apôtre de l'individualisme, voire de l'anarchisme. Mais il ne saurait donner dans ce réflexe étroit et surtout égoïste. C'est de la Personne humaine qu'il attend « le miracle suprême ». Torvald n'en a pas été, ne pouvait pas en être capable, malgré le point d'interrogation qui conclut la pièce. Nora entend l'être, sans assurances, sans dogmatisme. Elle est bien au-delà des revendications de l'Individu et nous avons vu qu'elle n'entendait pas remettre en question l'ordre établi qu'elle n'admet pas pour elle. Elle entend vivre pour une vérité qui justifie sa présence ici-bas. Suivons encore Kierkegaard : elle ne se dresse pas *contre* le « bien » ou le « mal », elle veut chercher le stade transcendant depuis lequel bien et mal, ordre et désordre apparaissent, ensemble, comme une antinomie primaire qu'il faut dominer : en somme, et à sa manière qui n'a rien des ergo de la philosophie ou de la théologie, elle est entrée dans ce que l'auteur du *Concept d'angoisse* appelle le « stade religieux ». Elle a fait, toujours selon ses petites possibilités mais dans la clarté de son intuition souveraine, ce « bond » (*spring*, Pascal aurait parlé de « pari ») après lequel nos petites catégories paraissent dérisoires parce que c'est à l'être seul de faire vivre l'amour suprême (le « miracle suprême »). Nous voici bien loin de tout égoïsme individualiste, l'entreprise est proprement ontologique !

Certes, la rigueur et, à la limite, l'utopie de cette attitude ne peuvent échapper. Mais, si nous nous replaçons dans une perspective bien scandinave, il s'agit de donner un sens absolu à son destin. Un sens qui doit, d'abord, passer par une expérience personnelle, vécue. Parlons encore de vrai et de faux amour ou, selon une note qu'Ibsen a lui-même rédigée sur son œuvre, de « combat d'âmes », compte tenu du fait que l'on est en droit de se demander si Helmer n'a pas définitivement tué la sienne propre.

Quand la porte de cette maison de poupée claque à nouveau, juste avant la chute du rideau, que la petite Nora s'en va dans l'inconnu dont elle attend qu'il la révèle à elle-même, nous sentons bien que la pièce n'est pas achevée. Au contraire, c'est maintenant que tout commence. Et, pour y revenir une ultime fois, c'est bien là toute la grandeur classique de cette œuvre : nous sommes implicitement conviés à la refaire, chacun pour sa part, indéfiniment…

Régis Boyer

UNE MAISON DE POUPÉE

Distribution

Helmer, *avocat*

Nora, *son épouse*

Docteur Rank

Madame Linde

Krogstad, *avocat*

Les trois jeunes enfants de Helmer

Anne-Marie, *bonne d'enfants chez les Helmer*

La bonne, *même lieu*

Un commissionnaire

L'action se passe chez les Helmer.

PREMIER ACTE

Une maison confortable et de bon goût, mais sans grand luxe. Une porte à droite au fond ouvre sur le vestibule ; une autre porte à gauche au fond mène au cabinet de travail de Helmer. Entre ces deux portes, un piano droit. Au milieu du mur, à gauche, une porte, et, plus loin en avant, une fenêtre. Près de celle-ci, une table ronde avec un fauteuil et un petit sofa. Dans le mur latéral de droite, un peu en arrière, une porte, et contre le même mur, plus en avant, un poêle de faïence avec deux fauteuils et un fauteuil à bascule, devant. Entre le poêle et la porte latérale, une petite table. Des estampes aux murs. Une étagère avec des porcelaines et autres petits objets artistiques ; une petite bibliothèque avec des livres bien reliés. Tapis sur le sol ; le poêle est allumé ; jour d'hiver.

On sonne dans le vestibule ; peu après, on entend ouvrir. Nora, enjouée, entre en chantonnant dans le salon ; elle est en manteau et porte une quantité de paquets dont elle se débarrasse sur la table de droite. Elle laisse ouverte derrière elle la porte du vestibule et l'on voit un commissionnaire qui porte un sapin de Noël et un panier. Il remet le tout à la bonne qui lui a ouvert.

NORA

Occupe-toi de l'arbre de Noël, Hélène. Il ne faut

absolument pas que les enfants le voient avant ce soir, quand il sera paré. (*Au commissionnaire, en sortant son porte-monnaie*) C'est combien ?

LE COMMISSIONNAIRE

Cinquante öre.

NORA

Voilà une couronne. Non, gardez tout.

(*Le commissionnaire remercie et s'en va. Nora ferme la porte. Elle continue de sourire, calme et enjouée, tout en enlevant son manteau. Elle tire de sa poche un sac de macarons et en mange deux ou trois puis elle s'en va prudemment écouter à la porte de son mari.*)

NORA

Oui, il est là. (*Elle se remet à chantonner tout en se rendant vers la porte de droite.*)

HELMER
(de son cabinet)

Est-ce que c'est l'alouette qui gazouille ?

NORA
(Tout en ouvrant quelques-uns des paquets)

Oui, c'est elle.

HELMER

Est-ce que c'est l'écureuil qui fourrage par là ?

NORA

Oui !

HELMER

Quand l'écureuil est-il rentré ?

NORA

A l'instant (*elle fourre le sac de macarons dans sa poche et s'essuie la bouche*). Torvald, viens donc voir ce que j'ai acheté !

HELMER

Ne me dérange pas ! (*Peu après, il ouvre la porte et, la plume à la main, jette un coup d'œil à l'intérieur*) Acheté, dis-tu ? Tout ça ? Alors, mon étourneau est allé, de nouveau, dépenser de l'argent !

NORA

Mais oui, Torvald. Cette année, vraiment, on peut bien se le permettre un peu. C'est le premier Noël où nous n'avons pas besoin de faire des économies, n'est-ce pas ?

HELMER

Oh ! Tu sais bien que nous ne pouvons pas gaspiller.

NORA

Si, Torvald, on peut bien gaspiller un tout petit peu, maintenant. Pas vrai ? Rien qu'un tout petit peu. Maintenant, tu vas toucher un gros traitement, tu vas gagner beaucoup d'argent, beaucoup d'argent.

HELMER

Oui, à partir du Nouvel An. Mais il s'écoulera tout un trimestre avant que le traitement tombe.

NORA

Pfff ! On peut bien emprunter en attendant.

HELMER

Nora ! (*il va vers elle et lui prend l'oreille par plaisanterie*). Toujours cette insouciance ! Suppose que j'aie emprunté mille couronnes aujourd'hui, que tu les dépenses dans la semaine de Noël et que, à la Saint-Sylvestre, il me tombe une tuile sur la tête. Et alors...

NORA
(lui mettant la main sur la bouche)

Quelle horreur ! Ne dis pas d'horreurs pareilles !

HELMER

Si ! Suppose que cela arrive... Et alors ?

NORA

S'il arrivait une chose aussi horrible, ça me serait bien égal d'avoir des dettes ou non.

HELMER

Bon, mais les gens à qui j'aurais emprunté ?

NORA

Ces gens-là ? Qui se soucie d'eux ? Ce sont des étrangers, non ?

HELMER

Nora, Nora ! tu es une vraie femme ! Non, mais, sérieusement, Nora. Tu connais mes opinions là-dessus. Pas de dettes ! Ne jamais emprunter. Il y a quelque chose de dégradant, et, par conséquent, quelque chose de laid dans un foyer fondé sur l'emprunt et les dettes. Or, nous deux, nous avons vaillamment tenu le coup jusqu'à présent ; et c'est ce que nous ferons encore pendant le peu de temps qu'il faudra.

NORA
(allant vers le poêle)

Oui, oui, comme tu voudras, Torvald.

HELMER
(qui la suit)

Bon, bon. La petite alouette ne va pas traîner de l'aile, maintenant. Allons bon ! Voilà mon écureuil qui boude ! (*Il sort son porte-monnaie*) Nora, que crois-tu que j'aie là-dedans ?

NORA
(se retournant brusquement)

De l'argent !

HELMER

Tiens ! (*Il lui tend quelques billets*). Mon Dieu, je sais bien qu'il y a de grosses dépenses dans une maison à l'époque de Noël.

NORA
(comptant)

Dix — vingt — trente — quarante. Oh ! merci, Torvald. Je vais aller loin avec ça.

HELMER

Hé ! Il faudra bien !

NORA

Oui, oui, sûrement. Mais viens ici, je vais te montrer tout ce que j'ai acheté. Et si bon marché ! Regarde — des habits neufs pour Ivar — et puis un sabre. Et puis un cheval et une trompette pour Bob. Et voici une poupée avec un lit pour Emmy ; il est tout simple, bien sûr. De toute façon, elle le mettra sûrement bientôt en pièces. Et voici des tabliers et du tissu pour faire des robes, pour les bonnes. Bien sûr, il faudrait donner beaucoup plus à la vieille Hélène...

HELMER

Et qu'est-ce qu'il y a dans ce paquet-là ?

NORA
(poussant un cri)

Non, Torvald, tu ne dois pas le regarder avant ce soir !

HELMER

Bon, bon. Mais dis-moi, petit panier percé, pour toi, à quoi as-tu pensé ?

NORA

Oh pfff ! Je n'ai envie de rien, moi, tout simplement.

HELMER

Mais si ! Dis-moi quelque chose de raisonnable et qui te ferait plaisir.

NORA

Eh bien ! Je ne sais vraiment pas. Si ! Ecoute, Thorvald...

HELMER

Eh bien ?

NORA
(lui tripotant les boutons de sa veste sans le regarder)

Si tu veux me donner quelque chose, tu pourrais sûrement... tu pourrais...

HELMER

Eh bien ! eh bien ! dis-le.

NORA
(vite)

Tu pourrais me donner de l'argent, Torvald. Seulement ce dont tu penses pouvoir disposer. Ensuite, un de ces jours, j'achèterai quelque chose avec.

HELMER

Mais, Nora...

NORA

Oh si ! fais-le, Torvald chéri, je t'en prie. Et je suspendrai cet argent dans un joli papier doré à l'arbre de Noël. Ce serait formidable, tu ne crois pas ?

HELMER

Comment donc appelle-t-on l'oiseau qui ne cesse de gaspiller ?

NORA

Oui, oui, un étourneau, je le sais assez. Mais faisons comme je dis, Torvald. Comme ça, j'aurai le temps de réfléchir à ce qui m'est le plus utile. Est-ce que ce n'est pas très raisonnable, dis ?

HELMER
(souriant)

Sûrement que oui. C'est-à-dire, si tu savais vraiment garder l'argent que je te donne et t'acheter quelque chose. Mais cet argent va passer au ménage et à mille choses inutiles, et alors, il faudra que, de nouveau, je délie les cordons de la bourse.

NORA

Oh ! mon Torvald...

HELMER

Il n'y a pas à le nier, ma petite Nora chérie (*lui passant le bras autour de la taille*). L'étourneau est mignon, mais il lui faut tant d'argent. C'est incroyable ce que ça coûte à un homme d'entretenir un étourneau.

NORA

Oh ! pouah ! Comment peux-tu dire ça ? J'économise vraiment tout ce que je peux, pourtant.

HELMER
(riant)

Eh ! Voilà qui est vrai ! Tout ce que tu peux. Mais tu ne peux tout simplement pas du tout.

NORA
(chantonnant et souriant gaiement)

Hum ! Si seulement tu savais, Torvald, tous les frais que nous avons, nous autres alouettes et écureuils.

HELMER

Tu es une drôle de petite chose. Tout à fait comme ton père. Tu es pleine de ressources pour trouver de l'argent, mais dès que tu en as, il te glisse entre les doigts pour ainsi dire ; tu ne sais jamais ce que tu en fais. Enfin ! il faut te prendre comme tu es. Tu as ça dans le sang. Si, si, si, ces choses-là sont héréditaires, Nora.

NORA

Ah ! Je voudrais avoir hérité de bien des traits de papa.

HELMER

Et moi, je ne te désire pas autrement que tu es, ma mignonne petite alouette. Mais écoute, il me vient une idée. Tu as l'air si... si... comment appeler ça... si mystérieuse aujourd'hui...

NORA

Vraiment ?

HELMER

Oui, vraiment. Regarde-moi droit dans les yeux.

NORA
(le regardant)

Eh bien ?

HELMER
(la menaçant du doigt)

Mon bec fin n'aurait pas fait un tour en ville aujourd'hui ?

NORA

Non. Comment peux-tu avoir cette idée ?

HELMER

Mon bec fin n'a vraiment pas fait un détour par la pâtisserie ?

NORA

Non, je t'assure, Torvald...

HELMER

Il n'a pas picoré un peu de confiture ?

NORA

Non, pas du tout.

HELMER

Pas même grignoté un ou deux macarons ?

NORA

Non, Torvald, je t'assure que non.

HELMER

Bon, bon, bon, je plaisantais, naturellement.

NORA
(allant à la table de droite)

L'idée ne me viendrait pas d'agir contre ton gré.

HELMER

Oui, je le sais bien ; et tu m'as donné ta parole, n'est-ce pas... (*allant vers elle*) Bon, garde pour toi tes petits secrets de Noël, ma Nora chérie. On les découvrira ce soir, quand l'arbre de Noël sera allumé, j'imagine.

NORA

As-tu pensé à inviter le Docteur Rank ?

HELMER

Non, mais ce n'est pas la peine ; il viendra dîner avec nous, cela va de soi. Du reste, je l'inviterai quand il viendra ici dans la matinée. J'ai commandé du bon vin. Nora, tu ne peux imaginer comme je me réjouis pour ce soir.

NORA

Moi aussi. Et comme les enfants vont être heureux, Torvald !

HELMER

Ah ! C'est tout de même splendide de songer que l'on est arrivé à une situation sûre, stable et que l'on a sa subsistance largement assurée. Pas vrai ? C'est bien agréable de penser à ça.

NORA

Oh ! C'est merveilleux !

HELMER

Tu te rappelles Noël dernier ? Les trois semaines qui précédaient, tu t'étais enfermée chaque soir jusque bien après minuit pour confectionner des fleurs pour l'arbre de Noël et mille autres surprises magnifiques. Hou ! c'est l'époque la plus désagréable que j'aie vécue.

NORA

Mais je ne me suis pas ennuyée du tout, moi.

HELMER
(souriant)

N'empêche que le résultat avait tout de même été assez piteux, Nora.

NORA

Oh ! tu ne vas pas me taquiner là-dessus, encore ? Est-ce ma faute si le chat est entré et a tout mis en pièces ?

HELMER

Non, certes, ma pauvre petite Nora. Tu voulais vraiment nous faire plaisir à tous, et c'est l'essentiel. Mais c'est bien tout de même que ces temps difficiles soient passés.

NORA

Oui, c'est vraiment merveilleux.

HELMER

Maintenant, je n'aurai plus à rester ici tout seul à m'ennuyer ; et tu n'auras plus besoin de torturer tes yeux bénis et tes jolies petites mains...

NORA
(battant des mains)

Non, n'est-ce pas, Torvald, ce n'est plus la peine ! Oh ! c'est merveilleux ! (*Passant son bras sous celui de Helmer*) Maintenant, je vais te dire ce que j'avais envisagé que nous ferions, Torvald. Dès que Noël sera passé... (*On sonne dans l'entrée*) Oh ! On sonne. (*Elle met un peu d'ordre dans le salon*) Voilà quelqu'un. C'est bien ennuyeux.

HELMER

Pour les visites, rappelle-toi que je n'y suis pour personne.

LA BONNE
(à la porte d'entrée)

Madame, c'est une dame inconnue...

NORA

Bien. Faites-la entrer.

LA BONNE
(à Helmer)

Le docteur est arrivé en même temps.

HELMER

Il est entré directement chez moi ?

LA BONNE

Oui.

(Helmer rentre dans son cabinet. La bonne fait entrer dans le salon Madame Linde, qui est en costume de voyage, et referme derrière elle.)

Mme LINDE
(timidement et un peu hésitante)

Bonjour, Nora.

NORA
(indécise)

Bonjour...

Mme LINDE

Tu ne me reconnais sûrement pas.

NORA

Non, je ne sais pas... Mais si, il me semble bien... (*S'écriant*) Quoi ! Kristine ! C'est toi !

Mme LINDE

Oui, c'est moi.

NORA

Kristine ! Et moi qui ne te reconnaissais pas ! Mais

comment aurais-je pu aussi... (*plus bas*) Comme tu as changé, Kristine !

Mme LINDE

Oui, sûrement. En neuf ans... dix ans même, je crois...

NORA

Y a-t-il si longtemps que nous ne nous sommes vues ? Oui, ce doit être ça. Oh ! ces huit dernières années ont été une période heureuse, tu sais. Et ainsi, te voilà en ville, et tu as fait ce long voyage en hiver ? C'est courageux.

Mme LINDE

Je suis arrivée ce matin, par le vapeur.

NORA

Pour passer les fêtes de Noël, bien entendu. Oh ! c'est formidable ! Comme nous allons nous amuser ! Mais enlève donc ton manteau, tu n'as sûrement pas froid ! (*l'aidant*) Voilà. Maintenant, asseyons-nous confortablement près du poêle. Non, dans le fauteuil, là. Moi, je m'assois ici, dans le fauteuil à bascule. (*Lui prenant les mains*) Oui, maintenant, tu as retrouvé ton visage d'autrefois ; c'était seulement au premier moment... Tu as tout de même un peu pâli, Kristine... et peut-être un peu maigri.

Mme LINDE

Et beaucoup, beaucoup vieilli, Nora.

NORA

Oui, peut-être un peu vieilli... un tout petit peu, vraiment pas beaucoup. (*S'arrête soudain, puis, gravement*)

Oh ! mais quelle étourdie je fais, à rester là à bavarder ! Chère, bien chère Kristine, peux-tu me pardonner ?

Mme LINDE

Te pardonner quoi, Nora ?

NORA
(plus bas)

Pauvre Kristine, tu es veuve.

Mme LINDE

Oui, depuis trois ans.

NORA

Oh ! Je le savais, pourtant, je l'ai lu dans les journaux. Oh ! Kristine, il faut me croire, j'ai souvent voulu t'écrire à cette époque-là ; mais je remettais toujours à plus tard, il y avait toujours un empêchement.

Mme LINDE

Chère Nora, je comprends très bien.

NORA

Non, comme c'est mal de ma part, Kristine. Oh ! ma pauvre, combien d'épreuves tu as dû traverser... Et bien sûr, il ne t'a rien laissé pour vivre ?

Mme LINDE

Non.

NORA

Et pas d'enfants ?

Mme LINDE

Non.

NORA

Ainsi, absolument rien ?

Mme LINDE

Pas même un chagrin ou un manque : de ces choses qui vous occupent...

NORA
(la regardant, incrédule)

Mais, Kristine, comment peux-tu parler ainsi ?

Mme LINDE
(souriant amèrement et lui caressant les cheveux)

Oh, cela arrive parfois, Nora.

NORA

Tellement seule. Comme cela doit te peser effroyablement. Moi, j'ai trois enfants délicieux. Oui, tu ne peux pas les voir pour le moment, ils sont sortis avec la bonne. Mais il faut que tu me racontes tout, à présent...

Mme LINDE

Non, non, non, raconte, toi, plutôt.

NORA

Non, c'est toi qui dois commencer. Aujourd'hui, je ne veux pas être égoïste. Je ne veux penser qu'à toi. Mais il y a quelque chose, tout de même, qu'il faut que je te dise. Sais-tu le grand bonheur qui nous est arrivé ces jours-ci ?

Mme LINDE

Non. Qu'est-ce que c'est ?

NORA

Pense donc. Mon mari est devenu Directeur de la Banque.

Mme LINDE

Ton mari ? Oh ! quelle chance !

NORA

Oui, formidable ! Parce qu'être avocat, c'est bien précaire, surtout quand on ne veut s'occuper que de bonnes et belles causes. Et bien entendu, c'était le cas de Torvald, et là-dessus, je suis parfaitement d'accord avec lui. Oh ! tu penses comme nous sommes heureux ! Il doit prendre son poste dès le Nouvel An et alors, il aura un gros traitement et beaucoup de gratifications. Désormais, nous allons vivre tout à fait autrement... absolument comme nous voudrons. Oh ! Kristine ! comme je me sens légère et heureuse ! Oui, parce que c'est délicieux d'avoir beaucoup d'argent et de ne pas avoir à se faire de soucis. Pas vrai ?

Mme LINDE

Oui, en tout cas, ce doit être bien bon d'avoir le nécessaire.

NORA

Oh, pas seulement le nécessaire, mais vraiment beaucoup, beaucoup d'argent !

Mme LINDE
(souriant)

Nora, Nora, tu n'es toujours pas devenue raisonnable ! A l'école déjà, tu étais une grande dépensière.

NORA
(souriant doucement)

Oui, Torvald dit que je le suis encore. (*Menaçant du doigt*) Mais « Nora, Nora » n'est pas aussi folle que vous le pensez... Oh ! en vérité, je n'ai pas été en mesure de gaspiller tellement. Nous avons dû travailler tous les deux.

Mme LINDE

Toi aussi ?

NORA

Oui, à de petites choses, des petits travaux, du crochet, de la broderie, tout ça. (*Négligemment*) et autre chose aussi. Tu sais sans doute que Torvald a quitté le Ministère quand nous nous sommes mariés ? Il n'y avait aucune perspective d'avancement dans son bureau et puis, n'est-ce pas, il fallait qu'il gagne plus d'argent qu'avant. Mais la première année de notre mariage, il s'est épouvantablement surmené. Il a dû faire toutes sortes de travaux supplémentaires, tu sais, il travaillait du matin au soir, longtemps, et il est tombé gravement malade. Alors, les médecins ont décrété qu'il devait prendre du repos dans le Midi.

Mme LINDE

Oui, vous êtes allés vivre toute une année en Italie, n'est-ce pas ?

NORA

Oh ! ça n'a pas été facile de partir, tu penses. Ivar

venait de naître. Mais il fallait partir, bien entendu. Oh ! quel formidable, quel délicieux voyage ça a été. Et ça a sauvé la vie de Torvald. Mais ça a coûté terriblement cher, Kristine.

Mme LINDE

Je pense bien.

NORA

Douze cents rixdales, ça a coûté, 4 800 couronnes. C'est beaucoup d'argent, vois-tu.

Mme LINDE

Oui, mais dans des cas comme celui-là, c'est une grande chance que de les avoir.

NORA

Oui, je vais te dire, c'est papa qui nous les a données.

Mme LINDE

Ah bon ! C'était juste à l'époque où ton père est mort, il me semble ?

NORA

Oui, Kristine, c'était juste à ce moment-là. Et pense donc, je n'ai même pas pu aller m'occuper de lui. J'étais ici, n'est-ce pas, et j'attendais de jour en jour la naissance du petit Ivar. Et puis, bien sûr, j'avais mon pauvre Torvald, malade à mourir, et que je devais soigner. Cher papa, si gentil ! Je n'ai jamais pu le revoir, Kristine ! Oh ! c'est ce que j'ai vécu de plus cruel depuis mon mariage.

Mme LINDE

Oui, je sais, tu l'aimais beaucoup. Et donc, vous êtes partis pour l'Italie ?

NORA

Oui. Nous avions l'argent. Et les médecins nous pressaient. Alors, nous sommes partis, un mois après.

Mme LINDE

Et ton mari est revenu tout à fait guéri ?

NORA

Frais comme un gardon !

Mme LINDE

Mais... ce médecin ?

NORA

Quel médecin ?

Mme LINDE

Il me semble que la bonne a annoncé un docteur, tout à l'heure, le monsieur qui est arrivé en même temps que moi.

NORA

Ah oui ! c'est le docteur Rank, mais il ne vient pas en médecin. C'est notre meilleur ami, et il vient nous voir au moins une fois par jour. Non, Torvald n'a jamais eu la moindre rechute depuis. Et les enfants sont en parfaite santé, et moi aussi. (*Se lève d'un bond en frappant des mains*) Oh mon Dieu ! mon Dieu ! Kristine, comme c'est merveilleux de vivre et d'être heureuse... Oh mais ! que c'est abominable de ma part... je ne parle que de mes propres affaires. (*S'assoit sur un tabouret tout près d'elle et lui met les bras autour des genoux.*) Oh ! il ne faut pas m'en vouloir !... Dis-moi, est-ce que c'est bien vrai que tu n'aimais pas ton mari ? Alors, pourquoi l'as-tu épousé ?

Mme LINDE

Ma mère était encore en vie ; elle gardait le lit, elle n'avait aucune aide. Et puis, il fallait que je m'occupe de mes deux jeunes frères. Il m'a semblé que je n'avais pas le droit de rejeter sa demande.

NORA

Oui, tu as eu raison, sans doute. Et il était riche à ce moment-là ?

Mme LINDE

Il était tout à fait à son aise, en tout cas. Mais c'étaient des affaires qui n'étaient pas sûres, Nora. Quand il est mort, tout est allé à vau-l'eau, et il n'en est rien resté.

NORA

Et alors... ?

Mme LINDE

Alors, il a fallu que je vivote avec un petit commerce, avec une petite école que j'ai dirigée, enfin, tout ce que j'ai pu trouver. Ces trois dernières années ont été comme un interminable jour de travail sans repos, pour moi. Maintenant, c'est fini, Nora. Ma pauvre mère n'a plus besoin de moi car elle est partie. Et les garçons non plus : ils ont trouvé une place maintenant, ils peuvent subvenir à leurs besoins.

NORA

Comme tu dois te sentir soula...

Mme LINDE

Mais non. Simplement vide, indiciblement vide. Plus

de raison de vivre. (*Se lève, agitée*) C'est pourquoi je ne supporte plus de rester là-bas dans ce petit coin perdu. Ici, en ville, il doit tout de même être plus facile de trouver quelque chose qui vous occupe et accapare vos pensées. Si seulement j'avais la chance de trouver une place fixe, un quelconque travail de bureau...

NORA

Oui, mais, Kristine, c'est terriblement astreignant, et tu as l'air si fatiguée. Ce serait beaucoup mieux pour toi d'aller en cure.

Mme LINDE
(allant vers la fenêtre)

Je n'ai pas de papa, moi, qui puisse m'offrir le voyage, Nora.

NORA
(se levant)

Oh ! ne sois pas fâchée !

Mme LINDE
(allant vers elle)

Chère Nora, c'est toi qui ne dois pas m'en vouloir. Le pire, dans une situation comme la mienne, c'est qu'elle vous met tant d'amertume au cœur. On n'a personne pour qui travailler, et pourtant, il faut chercher de tous côtés pour subsister. Il faut bien vivre. Alors, on devient égoïste. Quand tu m'as raconté l'heureux changement de votre situation — le croiras-tu ? — ce n'est pas tellement pour toi que je me suis réjouie, c'est pour moi.

NORA

Comment cela ? Oh ! je te comprends. Tu veux dire

que Torvald pourrait faire quelque chose pour toi, peut-être.

Mme LINDE

Oui, c'est ce que j'ai pensé.

NORA

Il le fera, Kristine. Laisse-moi faire, seulement ; je vais si bien présenter la chose, si bien... trouver quelque chose de gentil pour le mettre dans de bonnes dispositions. Oh ! j'aimerais tellement te rendre service.

Mme LINDE

Comme c'est gentil à toi, Nora, de te donner tant de peine pour moi... doublement gentil venant de *toi* qui connais si peu les misères et les difficultés de la vie.

NORA

Moi... ? Je connais si peu les... ?

Mme LINDE
(souriant)

Eh bien ! Mon Dieu ! des petits travaux manuels et des babioles de ce genre... Tu es une enfant, Nora.

NORA
(hochant la tête et arpentant la pièce)

Tu ne devrais pas dire ça si cavalièrement.

Mme LINDE

Comment ça ?

NORA

Tu es comme les autres. Vous croyez tous que je ne suis bonne à rien de vraiment sérieux...

Mme LINDE

Allons, allons !

NORA

... que je n'ai rien connu des difficultés de la vie.

Mme LINDE

Mais, chère Nora, tu viens de me raconter toutes tes misères.

NORA

Pfff !... ces bagatelles ! (*A voix basse*) Je ne t'ai pas raconté le principal.

Mme LINDE

Comment ça, le principal ? Que veux-tu dire ?

NORA

Tu as tendance à me mépriser, Kristine, tu ne devrais pas. Tu es fière d'avoir travaillé si dur et si longtemps pour ta mère.

Mme LINDE

Détrompe-toi, Nora, je ne méprise personne. Mais ce que tu dis *est* vrai : oui, je suis à la fois heureuse et fière en pensant que j'ai pu alléger un peu les derniers jours de ma mère.

NORA

Et tu es fière aussi quand tu penses à ce que tu as fait pour tes frères ?

Mme LINDE

Il me semble que j'en ai le droit.

NORA

Bien sûr. Mais je vais t'apprendre quelque chose, Kristine. Moi aussi, j'ai un sujet de fierté et de satisfaction.

Mme LINDE

Je n'en doute pas, mais que veux-tu dire ?

NORA

Parle plus bas. Pense donc, si Torvald entendait ! Pour rien au monde, je ne voudrais qu'il... Personne ne doit le savoir, Kristine, personne en dehors de toi.

Mme LINDE

Mais qu'est-ce que c'est donc ?

NORA

Viens là plus près (*L'amène à s'asseoir sur le sofa à côté d'elle*). Oui, tu vois... moi aussi, il y a quelque chose dont j'ai lieu d'être heureuse et fière. C'est moi qui ai sauvé la vie de Torvald.

Mme LINDE

Sauvé ? Comment cela, sauvé ?

NORA

Je t'ai parlé de ce voyage en Italie, n'est-ce pas ? Torvald n'en aurait pas réchappé s'il n'était pas allé là-bas...

Mme LINDE

Eh bien, oui ! Ton père t'a donné l'argent nécessaire...

NORA
(souriant)

Oui, c'est ce que croient Torvald et tout le monde. Mais...

Mme LINDE

Mais... ?

NORA

Papa ne nous a pas donné un sou. C'est moi qui me suis procuré l'argent.

Mme LINDE

Toi ? Une somme pareille ?

NORA

Douze cents rixdales. 4 800 couronnes. Qu'est-ce que tu en dis ?

Mme LINDE

Mais, Nora, comment est-ce possible ? Tu avais donc gagné à la loterie ?

NORA
(avec mépris)

A la loterie ? (*Soufflant*) Où aurait été le mérite ?

Mme LINDE

Alors, où les as-tu trouvées ?

NORA
(chantonnant et souriant mystérieusement)

Hum ! Tra la la la !

Mme LINDE

Parce que, les emprunter, tu ne pouvais pas, n'est-ce pas ?

NORA

Ah bon ? Et pourquoi pas ?

Mme LINDE

Tu sais bien qu'une femme mariée ne peut pas emprunter sans le consentement de son mari.

NORA
(hochant la tête)

Oh ! s'il s'agit d'une femme qui s'entend un rien aux affaires... d'une femme qui sait s'y prendre avec un peu d'intelligence, alors...

Mme LINDE

Nora, je ne comprends absolument pas...

NORA

Tu n'as pas besoin de comprendre. Qui dit que j'aie emprunté de l'argent ? J'ai pu le trouver d'une autre façon, non ? (*Se renversant dans le sofa*) Je peux bien l'avoir reçu d'un admirateur. Quand on a mon charme...

Mme LINDE

Tu es folle.

NORA

Avoue que te voilà bien curieuse, Kristine.

Mme LINDE

Oui, dis-moi, chère Nora... n'as-tu pas agi un peu inconsidérément ?

NORA
(se redressant)

Est-ce inconsidéré de sauver la vie de son mari ?

Mme LINDE

Il me semble qu'il est inconsidéré d'avoir, à son insu...

NORA

Mais voyons, justement, il ne devait rien savoir ! Mon Dieu ! Tu ne comprends pas ça ? Il ne devait même pas connaître la gravité de son état. C'est à moi que les médecins venaient dire que sa vie était en danger ; que rien d'autre qu'un séjour dans le Midi ne pourrait le sauver. Crois-tu que je n'aie pas essayé de ruser ? Je ne cessais de lui dire à quel point ce serait merveilleux pour moi de pouvoir aller à l'étranger comme les autres jeunes femmes dans mon état ; je le suppliais, je lui disais : « Rappelle-toi, s'il te plaît, dans quel état je suis », je lui demandais d'être gentil, de faire selon mes désirs. Et puis j'insinuais qu'il pouvait bien faire un emprunt. Mais cela le rendait furieux, Kristine. Il me traitait d'étourdie, il disait que c'était son devoir de mari de ne pas céder à mes caprices et à mes lubies... comme il appelait ça, je crois bien. « Bon, bon », je pensais, « on te sauvera ». Et c'est alors que j'ai trouvé un expédient.

Mme LINDE

Et ton mari n'a pas appris de ton père que l'argent ne venait pas de lui ?

NORA

Non, jamais. Papa est mort quelques jours après.

J'avais pensé le mettre au courant de tout en le priant de ne rien révéler. Mais il était si malade... Hélas ! ça n'a pas été nécessaire.

Mme LINDE

Et depuis, tu ne t'es jamais confiée à ton mari ?

NORA

Non, pour l'amour du ciel, comment peux-tu penser ça ? Torvald qui est si strict là-dessus ! Et de plus, avec son amour-propre masculin, quelle torture, quelle humiliation pour lui de savoir qu'il me devrait quelque chose. Ça aurait complètement bouleversé nos rapports ; notre beau foyer heureux ne serait pas devenu ce qu'il est maintenant.

Mme LINDE

Et tu ne lui diras jamais ?

NORA
(pensive, souriant à demi)

Si — un jour, peut-être — dans bien des années, quand je ne serai plus aussi jolie que maintenant. Mais ne ris pas de ça ! Je veux dire : quand je ne plairai plus autant à Torvald, quand il ne prendra plus de plaisir à me voir danser, me travestir et déclamer pour lui. Alors, il sera peut-être bon d'avoir quelque chose en réserve... (*S'interrompant*) Bêtises, bêtises, bêtises ! Ce temps-là ne viendra jamais. Eh bien ! que dis-tu de mon grand secret, Kristine ? Est-ce que, moi aussi, je ne suis pas bonne à quelque chose ?... Du reste, tu peux croire que toute cette affaire m'a valu bien des soucis. Ça n'a pas été facile pour moi de faire face à mes obligations à dates fixes. Figure-toi qu'il y a dans le monde des affaires quelque chose qui s'appelle intérêts trimestriels et quelque chose qui s'appelle amortissement, et tout ça est terriblement difficile à respecter. Alors, il a fallu que j'épargne un peu sur tout, comme je pouvais, vois-tu. Je ne pouvais pas mettre beaucoup de côté sur l'argent de la maison, bien sûr, parce qu'il fallait que Torvald vive bien. Pour les enfants, je ne pouvais pas les laisser aller mal habillés, ce que je recevais pour eux devait leur revenir entièrement. Ils sont tellement mignons.

Mme LINDE

Alors, ainsi, ce sont tes dépenses personnelles qui en ont fait les frais, pauvre Nora ?

NORA

Mais oui, naturellement. D'ailleurs, c'était moi aussi que ça concernait de plus près. Chaque fois que Torvald me donnait de l'argent pour mes toilettes, je n'en dépensais jamais plus de la moitié, j'achetais toujours le plus simple et le meilleur marché. C'est une chance divine que tout m'aille si bien, Torvald n'a jamais rien remarqué. Mais plus d'une fois, ça m'a paru bien dur Kristine, parce que c'est formidable, tout de même, d'être bien habillée. Pas vrai ?

Mme LINDE

Bien sûr.

NORA

Bon. Et puis j'ai eu d'autres revenus aussi. L'hiver dernier, j'ai eu la chance de trouver beaucoup de travaux de copie à faire. Je m'enfermais dans ma chambre et je restais à écrire tous les soirs jusque bien tard dans la nuit. Ah ! bien des fois, j'étais fatiguée, tellement fatiguée. Mais tout de même, c'était vraiment extraordinaire de travailler comme ça, pour gagner de l'argent. C'était presque comme si j'avais été un homme.

Mme LINDE

Mais combien es-tu parvenue à rembourser comme ça ?

NORA

Oh ça ! je ne peux pas le dire au juste. Des affaires de ce genre-là, vois-tu, c'est très difficile à tirer au clair. Je sais seulement que j'ai payé tout ce que j'ai pu. Bien des fois, je ne savais plus où donner de la tête. (*Elle sourit*) Alors, je m'imaginais qu'un vieux monsieur très riche était tombé amoureux de moi...

Mme LINDE

Quoi ! Quel monsieur ?

NORA

Oh ! Des bêtises... il était mort, et quand on ouvrait son testament, il y avait écrit en toutes lettres : « On versera comptant, sur-le-champ, tout mon argent à l'adorable Madame Nora Helmer ».

Mme LINDE

Mais chère Nora... qui est ce monsieur ?

NORA

Seigneur Dieu, voyons, Kristine ! Ce vieux monsieur n'existe tout simplement pas, c'est seulement une idée qui me revenait sans cesse quand je ne voyais aucun moyen de trouver de l'argent. Mais ça n'a plus d'importance, ce vieux type assommant, qu'il reste où il est, je me moque de lui et de son testament, parce que maintenant, je suis tranquille. (*Se levant d'un bond*) Oh Dieu ! Que c'est bon tout de même de penser à ça, Kristine. Tranquille ! Pouvoir être tran-

quille, absolument tranquille. Jouer avec les enfants. Avoir une maison jolie et coquette, comme Torvald l'apprécie ! Et pense donc ! bientôt viendra le printemps avec son grand ciel bleu.
Alors, nous pourrons peut-être voyager un peu. Je pourrai revoir la mer. Oh ! oui, oui, c'est vraiment merveilleux de vivre et d'être heureuse ! (*On entend sonner dans le vestibule.*)

Mme LINDE
(se levant)

On sonne. Il vaut peut-être mieux que je m'en aille.

NORA

Mais non, reste. Ici, personne ne va venir, sûrement. C'est sans doute pour Torvald...

LA BONNE
(à la porte du vestibule)

Excusez-moi, Madame... Il y a là un monsieur qui veut parler à l'avocat...

NORA

Au Directeur, tu veux dire ?

LA BONNE

Oui, au Directeur. Mais... comme le docteur est avec lui... je ne savais pas...

NORA

Qui est ce monsieur ?

L'avocat KROGSTAD
(à la porte du vestibue)

C'est moi, Madame.

(*Madame Linde tressaille, se trouble et se tourne vers la fenêtre.*)

NORA
(*un pas vers lui, tendue, à mi-voix*)

Vous ? Qu'est-ce qu'il y a ? Que voulez-vous dire à mon mari ?

KROGSTAD

Eh bien, c'est à propos de la banque... Voyez-vous, j'ai un « petit poste » à la banque, et j'ai appris que votre mari va devenir notre « chef », n'est-ce pas ?

NORA

En effet...

KROGSTAD

Oh ! ce ne sont que des affaires assommantes, Madame. Rigoureusement rien d'autre.

NORA

Bon, alors, donnez-vous la peine d'entrer dans le bureau. (*Elle salue avec indifférence tout en fermant la porte de l'antichambre ; sur quoi elle va s'occuper du poêle.*)

Mme LINDE

Nora... qui est cet homme ?

NORA

C'est un certain Krogstad, un avocat.

Mme LINDE

Ainsi, c'est bien lui.

NORA

Tu le connais ?

Mme LINDE

Je l'ai connu... il y a bien des années. Il a été clerc d'avoué chez nous pendant un certain temps.

NORA

Oui, c'est exact.

Mme LINDE

Comme il a changé.

NORA

Il a fait un mariage très malheureux, je crois.

Mme LINDE

Il est veuf maintenant, n'est-ce pas ?

NORA

Avec beaucoup d'enfants. Aïe, voilà que je me brûle.

(*Elle ferme la porte du poêle et pousse un peu à l'écart le fauteuil à bascule.*)

Mme LINDE

Il s'occupe de toutes sortes d'affaires, n'est-ce pas, à ce qu'on dit ?

NORA

Ah bon ? Oui, c'est bien possible, je n'en sais rien...

Mais ne parlons pas d'affaires, c'est tellement ennuyeux.

(*Le docteur Rank arrive du cabinet de Helmer*)

RANK
(encore à la porte)

Non, non, je ne veux pas te déranger, je préfère entrer un instant chez ta femme. (*Il ferme la porte et découvre Mme Linde.*) Oh ! pardon, je dois déranger, ici aussi.

NORA

Non, pas du tout. (*Faisant les présentations*) Docteur Rank, Madame Linde.

RANK

Ah tiens ! Un nom que l'on entend souvent dans cette maison. Je crois vous avoir dépassée dans l'escalier, tout à l'heure.

Mme LINDE

Oui, je monte très lentement, c'est une chose que je supporte mal.

RANK

Ah ! ah ! un petit quelque chose qui ne va pas ?

Mme LINDE

Du surmenage, plutôt.

RANK

Rien d'autre ? Ainsi, vous êtes venue en ville pour vous reposer en courant de banquet en banquet !

Mme LINDE

Je suis venue ici pour chercher du travail.

RANK

Faut-il considérer cela comme un moyen sûr de lutter contre le surmenage ?

Mme LINDE

Il faut vivre, Docteur.

RANK

Oui, on trouve cela nécessaire, en général.

NORA

Oh ! vous savez, Docteur Rank... Vous aussi, vous tenez à vivre, ma foi...

RANK

Oui, bien sûr que j'y tiens. Si misérable que je sois, je veux absolument être torturé aussi longtemps que possible. Tous mes malades sont dans le même cas. Et c'est la même chose pour ceux qui sont atteints moralement. Il y a justement chez Helmer un homme, en ce moment, que l'on devrait traiter pour des maux de ce genre...

Mme LINDE
(voix étouffée)

Ah !

NORA

Que voulez-vous dire ?

RANK

Eh bien ! Il y a là un certain avocat Krogstad, un homme que vous ne connaissez pas. Il est pourri jusqu'aux racines, Madame. Eh bien ! lui aussi attache une extrême importance à vouloir vivre.

NORA

Ah ! De quoi voulait-il parler avec Torvald ?

RANK

A vrai dire, je ne sais pas. J'ai seulement entendu qu'il était question de la Banque.

NORA

Je ne savais pas que Krog... que cet avocat Krogstad avait quelque chose à faire avec la Banque.

RANK

Si ! On lui a trouvé une sorte d'emploi. (*A Mme Linde*) Je ne sais pas si, chez vous aussi, là-bas, il existe des gens de cette espèce qui se démènent sans répit pour dénicher de la pourriture morale. Dès qu'ils ont jeté leur dévolu sur un individu de ce genre, ils le mettent en observation en lui trouvant une position avantageuse. Pour les êtres sains, ils n'ont qu'à rester dehors.

Mme LINDE

Tout de même, ce sont bien les malades qui ont le plus besoin d'être soignés.

RANK
(haussant les épaules)

Ah ! nous y voilà. C'est ce genre de considérations qui transforme la société en hôpital.

(*Nora, perdue dans ses pensées, éclate d'un rire à demi contenu en battant des mains*)

RANK

Pourquoi riez-vous ? Savez-vous seulement ce qu'est la société ?

NORA

Qu'ai-je à faire de votre assommante société ? Je riais de tout autre chose... quelque chose d'extraordinairement amusant... Dites-moi, Docteur Rank... tous ceux qui sont employés à la Banque vont donc maintenant dépendre de Torvald ?

RANK

C'est vraiment *cela* que vous trouvez si extraordinairement amusant ?

NORA
(*souriant et chantonnant*)

C'est mon affaire ! C'est mon affaire ! (*Allant et venant dans la pièce*) Oui, vraiment, c'est fantastique de penser que nous... que Torvald a acquis tant d'influence sur tant de gens. (*Elle sort un sac de sa poche*) Docteur Rank, un petit macaron ?

RANK

Tiens ! Tiens ! Des macarons. Je croyais que c'était une denrée interdite, ici.

NORA

Oui, mais ceux-là, c'est Kristine qui me les a donnés.

Mme LINDE

Quoi ? Moi... ?

NORA

Bon, bon, bon. N'aie pas peur. Tu ne pouvais évidemment pas savoir que Torvald me l'a défendu. Je vais te dire, il a peur que ça me donne de vilaines dents. Mais pfff !... pour une fois... N'est-ce pas, docteur Rank ? Je vous en prie ! (*Elle lui fourre un macaron dans la bouche*) Et toi aussi, Kristine. Pour moi, je vais en prendre un, rien qu'un petit... ou deux, au maximum. (*Elle reprend sa marche*) Oui, vraiment, je suis démesurément heureuse. Maintenant, il ne reste plus qu'une seule chose au monde dont j'aurais follement envie.

RANK

Et qu'est-ce que c'est ?

NORA

C'est une chose que j'aurais une envie folle de dire devant Torvald.

RANK

Et pourquoi donc ne pouvez-vous pas le dire ?

NORA

Non, je n'ose pas, c'est tellement vilain.

Mme LINDE

Vilain ?

RANK

Bon, alors, il vaut mieux vous en abstenir. Mais à nous, vous pouvez bien... Qu'est-ce que c'est que vous avez une telle envie de dire devant Helmer ?

NORA

J'ai une envie folle de dire : sacré nom d'un chien !

RANK

Vous êtes folle ?

Mme LINDE

Mais voyons, Nora... !

RANK

C'est le moment : voilà Helmer.

NORA
(cachant le sac de macarons)

Chut ! chut ! chut !

(*Helmer, son manteau sur le bras et son chapeau à la main, arrive de son cabinet*)

NORA
(allant vers lui)

Eh bien ! cher Torvald, tu as réussi à t'en débarrasser ?

HELMER

Oui, il vient de partir.

NORA

Puis-je te présenter... Voici Kristine qui est venue en ville.

HELMER

Kristine ? Pardonnez-moi, mais je ne sais pas...

NORA

Madame Linde, Torvald, Madame Kristine Linde.

HELMER

Ah très bien ! Probablement une amie d'enfance de mon épouse ?

Mme LINDE

Oui, nous nous sommes connues autrefois.

NORA

Et pense donc, elle a fait ce long voyage jusqu'ici pour pouvoir te parler.

HELMER

Comment cela ?

Mme LINDE

Oh, pas seulement...

NORA

Vois-tu, Kristine est extrêmement douée pour le travail de bureau et puis, elle meurt d'envie d'être sous les ordres d'un homme capable et d'en savoir plus que tout ce qu'elle sait déjà.

HELMER

C'est très sage, Madame.

NORA

Et quand elle a appris que tu étais devenu directeur de

la Banque... il y a eu une dépêche pour l'annoncer... elle a fait le voyage aussi vite qu'elle a pu et... Oh ! Torvald, pour l'amour de moi, tu peux sûrement faire un petit quelque chose pour Kristine, dis ?

HELMER

Oui, ce n'est pas absolument impossible. Madame est probablement veuve ?

Mme LINDE

Oui.

HELMER

Et elle a la pratique des affaires de bureau ?

Mme LINDE

Oui, passablement.

HELMER

Eh bien alors, il est tout à fait probable que je pourrai vous trouver un emploi...

NORA
(battant des mains)

Tu vois ! Tu vois !

HELMER

Vous arrivez au bon moment, Madame...

Mme LINDE

Oh ! comment vous remercier... ?

HELMER

Ce n'est vraiment pas la peine. (*Enfilant son manteau.*) Mais aujourd'hui, il faut m'excuser...

RANK

Attends. Je t'accompagne (*Il va chercher sa pelisse dans l'entrée et la réchauffe près du poêle*)

NORA

Ne reste pas trop longtemps parti, cher Torvald.

HELMER

Une heure au plus.

NORA

Tu t'en vas aussi, Kristine ?

Mme LINDE
(mettant son manteau)

Oui, il faut que je me trouve une chambre.

HELMER

Alors, faisons un bout de chemin ensemble.

NORA
(l'aidant)

Comme c'est ennuyeux que nous vivions tellement à l'étroit ! Mais il nous est impossible de...

Mme LINDE

Mais tu n'y penses pas ! Au revoir, chère Nora, et merci de tout.

NORA

Au revoir, à bientôt. A ce soir. Naturellement, tu

reviens. Et vous aussi, Docteur Rank. Quoi ? Si vous allez bien ? Mais oui, bien sûr. Couvrez-vous bien.

(*Ils passent dans l'entrée tout en parlant à la ronde. On entend des voix d'enfants dans l'escalier*)

NORA

Les voilà ! Les voilà !

(*Elle court ouvrir. La bonne d'enfants, Anne-Marie, arrive avec les enfants)*

NORA

Entrez ! Entrez ! *(Elle se baisse pour les embrasser)* Oh ! mes bien-aimés, mes chéris... ! Tu les vois, Kristine ? Ils ne sont pas mignons !

RANK

Ne restez pas à bavarder dans le courant d'air !

HELMER

Venez, Madame Linde. Laissons la place aux mères.

(Le Dr Rank, Helmer et Mme Linde descendent l'escalier. La bonne d'enfants entre dans le salon avec les enfants, Nora de même, tout en refermant la porte d'entrée)

NORA

Comme vous avez l'air vaillants et dispos. Non, comme vous avez les joues rouges ! Comme des pommes, comme des roses. *(Les enfants lui parlent tous ensemble pendant ce qui suit).* Vous vous êtes bien amusés ? Ça, c'est magnifique ! Ah bon ! Tu as tiré Emmy et Bob sur la luge ? Ensemble ? Non, pense donc ! Oui, Ivar, tu es un fort garçon. Oh ! laisse-la moi un peu, Anne-Marie. Ma mignonne petite poupée ! *(Elle prend la plus petite à la bonne d'enfants et danse avec)* Oui, oui, maman va danser avec Bob aussi. Comment ? Vous avez fait des boules de neige ? Oh ! que j'aurais voulu être avec vous ! Non, laisse-moi faire, Anne-Marie, je veux les déshabiller moi-même. Oh si ! laisse-moi ! C'est si amusant. Entre donc, tu as l'air toute gelée. Il y a du café chaud pour toi à la cuisine.

(La bonne d'enfants entre dans la pièce de gauche. Nora enlève les manteaux aux enfants et les jette au hasard, tout en les faisant raconter tous ensemble)

NORA

Ah bon ! Pas possible ! il y avait un gros chien qui vous a couru après ? Mais il ne mordait pas ? Non, les chiens ne mordent pas les mignons petits enfants de poupée. Ne regarde pas dans les paquets, Ivar. Qu'est-ce que c'est ? Oh ! Si seulement vous saviez ! Oh non ! non ! ça n'est pas beau. Comment ? Est-ce qu'on joue ? A quoi voulez-vous jouer ? A cache-cache ! Oui, on y joue. C'est Bob qui va se cacher le premier. C'est moi ? Bon, je vais me cacher.

(Elle et les enfants jouent en riant et en criant dans le salon et dans la pièce contiguë à droite. Finalement, Nora se cache sous la table. Les enfants entrent en trombe, cherchent mais ne la trouvent pas. Ils entendent ses rires étouffés, se précipitent vers la table, soulèvent la nappe, la voient. Cris de joie. Elle sort à quatre pattes, comme pour les effrayer. Nouvelle explosion de joie. Pendant ce temps, on a frappé à la porte d'entrée, personne ne l'a remarqué. La porte s'entr'ouvre et l'avocat Krogstad apparaît. Il attend un moment. Le jeu se poursuit)

KROGSTAD

Excusez-moi, Madame Helmer...

NORA
(avec un cri étouffé, se relève à demi)

Ah ! que voulez-vous ?

KROGSTAD

Excusez-moi. La porte d'entrée était entr'ouverte. Il faut que quelqu'un ait oublié de la fermer...

NORA
(se relevant)

Mon mari n'est pas à la maison, Monsieur Krogstad.

KROGSTAD

Je sais.

NORA

Alors... que voulez-vous ?

KROGSTAD

Vous dire un mot.

NORA

A moi... *(Aux enfants, bas)* Allez voir Anne-Marie. Quoi ? Non, le monsieur étranger ne veut pas faire de mal à maman. Quand il sera parti, nous recommencerons à jouer.

(Elle introduit les enfants dans la pièce de gauche et referme la porte sur eux)

NORA
(agitée, tendue)

Vous voulez me parler ?

KROGSTAD

Oui, c'est ça.

NORA

Aujourd'hui... ? Mais nous ne sommes pas encore le premier du mois, que je sache ?

KROGSTAD

Non, nous sommes à la veille de Noël. Il va dépendre de vous que Noël vous donne de la joie ou du chagrin.

NORA

Que me voulez-vous ? Je ne peux absolument pas, aujourd'hui...

KROGSTAD

De cela, nous ne parlerons pas jusqu'à nouvel ordre. Il s'agit d'autre chose. Vous avez tout de même bien un moment ?

NORA

Oh oui ! Sûrement, bien que...

KROGSTAD

Bien, j'étais au restaurant Olsen lorsque j'ai vu votre mari passer dans la rue.

NORA

En effet.

KROGSTAD

... avec une dame.

NORA

Eh bien ?

KROGSTAD

Puis-je prendre la liberté de vous poser une question : est-ce que cette dame n'était pas Madame Linde ?

NORA

Si.

KROGSTAD

Tout juste arrivée en ville ?

NORA

Oui, aujourd'hui même.

KROGSTAD

C'est une bonne amie à vous, n'est-ce pas ?

NORA

Oui. Mais je ne saisis pas...

KROGSTAD

Moi aussi, je l'ai connue, autrefois.

NORA

Je sais.

KROGSTAD

Ah bon ? Vous êtes au courant. C'est bien ce que je

pensais. Bon, alors, puis-je vous demander tout net : est-ce que Madame Linde va avoir un emploi à la Banque ?

NORA

Comment pouvez-vous, *vous* vous permettre de m'interroger, *moi*, Monsieur Krogstad, *vous* qui êtes un des subordonnés de mon mari ? Mais puisque vous tenez à le savoir : oui, Madame Linde aura un emploi. Et c'est moi qui ai plaidé sa cause, Monsieur Krogstad. Ainsi, vous savez tout.

KROGSTAD

Alors, j'avais bien compris.

NORA
(arpentant la pièce)

Oh ! tout de même, on a bien un peu d'influence, je dirai. On a beau être une femme, il n'est pas dit qu'à cause de ça... Quand on est dans une position subalterne, Monsieur Krogstad, on devrait réellement se garder de froisser quelqu'un qui... hum...

KROGSTAD

Qui a de l'influence ?

NORA

Oui, précisément.

KROGSTAD
(changeant de ton)

Madame Helmer, auriez-vous la bonté d'user de votre influence en ma faveur ?

NORA

Comment cela ? Que voulez-vous dire ?

KROGSTAD

Voudriez-vous être assez bonne pour veiller à ce que je conserve ma position de subordonné à la Banque ?

NORA

Je ne comprends pas. Qui pense à vous enlever votre situation ?

KROGSTAD

Oh ! Ce n'est pas la peine de jouer les ignorantes avec moi. Je comprends bien qu'il ne soit pas agréable à votre amie d'entrer en conflit avec moi ; et je comprends aussi maintenant qui je dois remercier si je suis mis à la porte.

NORA

Mais je vous assure...

KROGSTAD

Oui, oui, oui. Bref : il est encore temps et je vous conseille d'user de votre influence pour empêcher cela.

NORA

Mais, Monsieur Krogstad, je n'*ai* absolument aucune influence.

KROGSTAD

Vraiment ? Il me semblait que vous disiez tout à l'heure...

NORA

Ce n'était évidemment pas ce que je voulais dire.

Moi ! Comment pouvez-vous croire que j'aie un pareil pouvoir sur mon mari ?

KROGSTAD

Oh ! Je connais votre mari depuis le temps où nous étions étudiants ensemble. Je ne pense pas que Monsieur le Directeur de la Banque soit plus ferme que les autres époux.

NORA

Si vous parlez avec mépris de mon mari, je vous mets à la porte.

KROGSTAD

Madame est courageuse.

NORA

Je n'ai plus peur de vous. Quand le Nouvel An sera passé, je serai bientôt débarrassée de tout cela.

KROGSTAD
(faisant des efforts pour se contenir)

Ecoutez-moi bien, Madame. Si cela devient nécessaire, je combattrai pour conserver mon petit poste à la Banque comme s'il y allait de ma vie.

NORA

Oui, cela m'en a tout l'air.

KROGSTAD

Ce n'est pas seulement une question de revenus ; c'est même la chose qui m'importe le moins. Mais il y a autre chose... Eh bien, oui, disons-le ! Bien entendu, vous savez, comme tout le monde, qu'il y a pas mal d'années, je me suis rendu coupable d'une imprudence.

NORA

Je crois avoir entendu parler de quelque chose de ce genre.

KROGSTAD

L'affaire n'est pas passée en justice. Mais toutes les portes se sont aussitôt fermées devant moi. Je débutais alors dans les affaires que vous savez. Il fallait bien entreprendre quelque chose, et j'ose dire que je n'ai pas été parmi les pires. Mais à présent, je veux m'en sortir. Mes fils grandissent. A cause d'eux, il faut que je veille à recouvrer autant de considération que possible. Ce poste à la Banque était comme une première marche pour moi. Et voilà que votre mari veut m'en faire descendre, si bien que je vais me retrouver en bas, dans la boue.

NORA

Mais pour l'amour du ciel, Monsieur Krogstad, il n'est absolument pas en mon pouvoir de vous aider.

KROGSTAD

C'est parce que vous n'en avez pas la volonté. Mais j'ai les moyens de vous contraindre.

NORA

Vous ne voulez tout de même pas raconter à mon mari que je vous dois de l'argent ?

KROGSTAD

Hum ! Et pourquoi pas ?

NORA

Ce serait une honte de votre part que d'agir ainsi *(avec des larmes dans la voix).* Ce secret qui est ma joie et ma fierté, il l'apprendrait d'une façon si laide et si grossière... il l'apprendrait de *vous*. Vous voulez m'exposer aux plus terribles ennuis...

KROGSTAD

Rien que des ennuis ?

NORA
(violemment)

Mais faites-le, après tout. C'est vous qui en pâtirez le plus. Car alors, mon mari verra quel homme sans foi ni loi vous êtes, et vous ne pourrez absolument pas garder ce poste.

KROGSTAD

Je demandais si ce n'était que d'ennuis domestiques que vous aviez peur.

NORA

Si mon mari vient à le savoir, il paiera aussitôt ce qui reste, bien entendu. Et alors, nous n'aurons plus rien à faire avec vous.

KROGSTAD
(un pas plus près)

Ecoutez, Madame Helmer... Ou bien vous n'avez pas grande mémoire, ou bien vous ne vous entendez guère aux affaires. Il faut que je vous mette un peu mieux au courant.

NORA

Comment cela ?

KROGSTAD

Lorsque votre mari était malade, vous êtes venue me trouver pour emprunter douze cents rixdales.

NORA

Je ne voyais personne d'autre.

KROGSTAD

J'ai promis alors de vous remettre cette somme...

NORA

Et vous me l'avez remise.

KROGSTAD

J'ai promis de vous remettre cette somme sous certaines conditions. Vous étiez tellement préoccupée alors par la maladie de votre mari, et tellement pressée d'avoir l'argent du voyage que vous n'avez pas prêté attention, il me semble, à tous les détails secondaires. Aussi n'est-il pas superflu de vous les rappeler. Bon. J'ai promis de vous fournir l'argent contre un reçu que j'ai rédigé.

NORA

Oui, et que j'ai signé.

KROGSTAD

Bien. Mais au bas du document, j'ai ajouté quelques lignes où votre père devait se porter garant du paiement. Ces lignes, votre père devait les signer.

NORA

Devait... ? Mais il a signé.

KROGSTAD

J'avais laissé la chose en blanc. Cela veut dire que votre père devait lui-même indiquer la date de la signature. Vous souvenez-vous de cela ?

NORA

Oui, je crois bien...

KROGSTAD

Je vous ai remis ensuite le billet parce que vous deviez l'envoyer par la poste à votre père. C'est bien ça ?

NORA

Oui !

KROGSTAD

Et naturellement, c'est ce que vous avez fait. Car cinq ou six jours après, vous me rapportiez le billet avec la signature de votre père. Alors, la somme vous a été versée.

NORA

Oui, mais n'ai-je pas remboursé comme il fallait ?

KROGSTAD

Si, à peu près. Mais... pour revenir à ce dont nous parlions... ce devait être une époque difficile pour vous, Madame ?

NORA

Oui, en effet.

KROGSTAD

Votre père était très malade, je crois.

NORA

Il était à la dernière extrémité.

KROGSTAD

Il a dû mourir très peu de temps après ?

NORA

Oui.

KROGSTAD

Dites-moi, Madame Helmer, est-ce que, par hasard, vous vous rappelez le jour de la mort de votre père ? La date exacte, je veux dire.

NORA

Papa est mort le 29 septembre.

KROGSTAD

Tout à fait exact, je m'en suis informé. Et voilà pourquoi il y a une bizarrerie *(sortant le papier)* que je ne parviens pas à m'expliquer.

NORA

Quelle bizarrerie ? Je ne vois pas...

KROGSTAD

La bizarrerie, Madame, c'est que votre père a signé ce billet trois jours après sa mort.

NORA

Comment cela ? Je ne comprends pas...

KROGSTAD

Votre père est mort le 29 septembre. Mais voyez : ici, votre père a daté sa signature du 2 octobre. N'est-ce pas bizarre, Madame ?

(*Nora se tait*)

KROGSTAD

Pouvez-vous m'expliquer cela ?

(*Nora se tait de plus belle*)

KROGSTAD

Il est évident aussi que les mots 2 octobre et l'année ne sont pas écrits de la main de votre père, mais d'une main que, me semble-t-il, je crois reconnaître. Bon, cela peut s'expliquer, n'est-ce pas ? Votre père peut avoir oublié de dater sa signature et ensuite, une personne ou une autre a fait cela au hasard, ici, avant qu'on sache le décès. Il n'y a pas de mal à cela. Mais c'est de la signature elle-même qu'il s'agit. Et *elle*, elle est authentique, n'est-ce pas, Madame Helmer ? C'est bien votre père qui a signé ici ?

NORA
(*après un bref silence, redresse la tête et le regarde avec défi*)

Non, ce n'est pas lui. C'est *moi* qui ai écrit le nom de papa.

KROGSTAD

Ecoutez, Madame... vous devez savoir que voilà un aveu dangereux.

NORA

Pourquoi ça ? Vous allez bientôt avoir votre argent.

KROGSTAD

Puis-je vous poser une question... Pourquoi n'avez-vous pas envoyé ce papier à votre père ?

NORA

C'était impossible. Papa était malade, n'est-ce pas ? Si j'avais dû lui demander sa signature, il aurait fallu aussi que je lui dise à quoi cet argent était destiné. Mais je ne pouvais tout de même pas lui dire, malade comme il était, que la vie de mon mari était en danger. C'était impossible. N'est-ce pas ?

KROGSTAD

Alors, il aurait mieux valu pour vous renoncer à ce voyage.

NORA

Non, c'était impossible. Ce voyage devait sauver la vie de mon mari. Je ne pouvais pas y renoncer.

KROGSTAD

Mais vous ne vous êtes pas dit que c'était une escroquerie à mon égard ?

NORA

Avais-je à tenir compte de cela ? Je me souciais bien de vous ! Je ne pouvais pas vous souffrir, vous me mettiez dans d'atroces difficultés alors que vous saviez dans quel état dangereux se trouvait mon mari.

KROGSTAD

Madame Helmer, vous n'avez manifestement aucune idée précise de ce dont vous vous êtes rendue coupable. Mais je peux vous dire que ce n'était ni plus ni pire que ce que j'ai fait un jour et qui a causé la perte de ma situation sociale.

NORA

Vous ? Voulez-vous me faire croire que vous auriez entrepris quelque chose de courageux pour sauver la vie de votre femme ?

KROGSTAD

Les lois ne tiennent pas compte des mobiles.

NORA

Alors, il faut que ce soient de bien mauvaises lois.

KROGSTAD

Mauvaise ou pas... si je produis ce papier en justice, vous serez jugée selon les lois.

NORA

Je n'en crois absolument rien. Une fille n'aurait pas le droit d'épargner à son vieux père mourant des inquiétudes et des angoisses ? Une femme n'aurait pas le droit de sauver la vie de son mari ? Moi, je ne connais pas tellement bien les lois. Mais je suis certaine qu'il doit y être dit quelque part que de telles choses sont permises. Et vous n'êtes pas au courant de ça, vous qui êtes avocat ? Il faut que vous soyez un bien mauvais juriste, Monsieur Krogstad.

KROGSTAD

C'est possible. Mais les affaires — des affaires comme celles que nous traitons, vous et moi — vous devez bien admettre, tout de même, que je m'y entends ?

Bien. Faites maintenant comme il vous plaira. Mais je vous dis *ceci* : si je suis mis dehors pour la deuxième fois, vous me tiendrez compagnie.

(*Il salue et sort*)

NORA
(un moment pensive ; redresse la tête)

Oh quoi... ! Il voulait me faire peur ! Je ne suis pas si naïve que ça. (*Elle entreprend de rassembler les affaires des enfants ; s'arrête bientôt*) Mais... ? Non, c'est impossible, voyons ! C'est quand même par amour que je l'ai fait.

Les enfants
(à la porte de gauche)

Maman, le Monsieur vient de sortir.

NORA

Mais oui, je le sais. Mais ne parlez à personne de ce monsieur. Vous entendez ? Pas même à papa.

Les enfants

Non, maman. Tu viens jouer ?

NORA

Non, non, pas maintenant.

Les enfants

Mais, maman, tu avais promis !

NORA

Oui, mais je ne peux pas maintenant. Allez-vous-en. J'ai beaucoup à faire. Allez, allez, mes chéris.

(*Elle les force doucement à rentrer et ferme la porte derrière eux.*)

NORA

(s'assoit sur le sofa, prend une broderie et fait quelques points mais s'arrête bientôt)

Non ! (*Jette la broderie, se lève, va au vestibule et appelle*)

Hélène ! laisse-moi entrer ! (*Va à la table de gauche et ouvre le tiroir, s'arrête de nouveau*). Non, c'est absolument impossible !

La bonne

(apportant le sapin)

Où dois-je le poser, Madame ?

NORA

Là, au milieu de la pièce...

La bonne

Faut-il aller chercher autre chose ?

NORA

Non, merci. J'ai ce qu'il me faut.

(*La bonne qui s'est débarrassée de l'arbre sort*)

NORA

(tout en décorant l'arbre de Noël)

Ici, il faut des bougies... et là, des fleurs... L'horrible bonhomme ! Bêtises, bêtises, bêtises ! Tout ça n'a aucun sens. L'arbre de Noël sera magnifique. Je ferai tout ce qu'il te plaira, Torvald, je chanterai pour toi, je danserai pour toi...

(*Helmer, un paquet de papiers sous le bras, entre, venant du dehors*)

NORA

Ah ! Te voilà déjà ?

HELMER

Oui. Quelqu'un est venu ?

NORA

Ici ? Non.

HELMER

C'est curieux. J'ai vu Krogstad franchir le portail.

NORA

Ah ! Oh oui, c'est vrai, Krogstad est passé ici un instant.

HELMER

Nora, je crois le deviner à ton air, il t'a priée de parler en sa faveur.

NORA

Oui.

HELMER

Et tu devais faire comme si cela venait de toi ? Tu devais me cacher qu'il était venu ? Est-ce que c'est bien ça qu'il a demandé ?

NORA

Oui, Torvald, mais...

HELMER

Nora, Nora, et tu as pu te laisser faire ? Avoir un entretien avec un homme pareil et lui faire une promesse ! Et par-dessus le marché, me dire un mensonge ?

NORA

Un mensonge ?

HELMER

N'as-tu pas dit que personne n'était venu ? (*La menaçant du doigt*) Mon petit oiseau chanteur ne doit plus jamais faire cela. Un oiseau chanteur doit avoir le bec pur pour gazouiller juste, jamais de fausses notes. (*La prenant par la taille*) Ce n'est pas ainsi que ça doit être ? Si, je le savais bien. (*Il la lâche*) Et puis, n'en parlons plus. (*S'assoit devant le poêle*) Ah ! comme il fait doux, comme c'est paisible ici. (*Il feuillette un peu ses papiers*).

NORA
(s'affairant à l'arbre de Noël après un court arrêt)

Torvald !

HELMER

Oui.

NORA

Je suis tellement contente d'aller au bal costumé des Stenborg après-demain.

HELMER

Et moi, je suis excessivement curieux de voir la surprise que tu nous prépares.

NORA

Ah ! c'est stupide !

HELMER

Quoi donc ?

NORA

Je n'arrive pas à trouver quelque chose de valable, tout ça est si bête, si futile.

HELMER

Tiens ! la petite Nora l'admettrait maintenant ?

NORA
(derrière le siège de Helmer, les bras sur le dossier)

Es-tu très occupé, Torvald ?

HELMER

Oh...

NORA

Qu'est-ce que c'est que ces papiers ?

HELMER

Des affaires de banque.

NORA

Déjà ?

HELMER

J'ai décidé la direction sortante à me donner pleins

pouvoirs pour effectuer les changements nécessaires dans le personnel et dans l'organisation. Je vais m'y employer pendant la semaine de Noël. Je veux que tout soit en ordre pour le Nouvel An.

NORA

Ainsi, c'est pour ça que ce pauvre Krogstad...

HELMER

Hum !

NORA

(toujours appuyé au dossier du siège, tout en lui ébouriffant lentement les cheveux)

Si tu n'avais pas été si occupé, je t'aurais demandé un immense service, Torvald !

HELMER

Voyons cela. Ce serait quoi ?

NORA

Tu sais bien que personne n'a aussi bon goût que toi, Torvald. Et moi, j'aimerais bien être à mon avantage au bal costumé. Torvald, tu ne pourrais pas t'en charger et décider pour moi de ce que je vais être et comment arranger mon costume ?

HELMER

Ah ! ah ! La petite capricieuse appellerait-elle au secours ?

NORA

Oui, Torvald, sans toi, je n'arriverai à rien.

HELMER

Bien, bien. Je vais y réfléchir. Nous allons bien trouver une idée.

NORA

Oh ! comme tu es gentil ! (*Elle revient à l'arbre de Noël. Pause*) Comme ces fleurs rouges font bel effet... Mais, dis-moi, est-ce vraiment si laid, ce dont ce Krogstad s'est rendu coupable ?

HELMER

Il a fait des faux. As-tu idée de ce que ça veut dire ?

NORA

Et si c'était la misère qui l'avait poussé ?

HELMER

Ou bien l'imprudence, comme tant de gens. Je ne manque pas de cœur au point de condamner inconditionnellement un homme pour un acte de ce genre

NORA

Non, n'est-ce pas, Torvald ?

HELMER

Plus d'un peut moralement se relever, s'il confesse ouvertement son crime et subit sa peine.

NORA

Sa peine... ?

HELMER

Mais ce n'est pas le chemin qu'a choisi Krogstad. Il a

eu recours à des ficelles, à des artifices. Et c'est cela qui l'a, moralement, perdu.

NORA

Tu crois que...

HELMER

Imagine un peu à quel point un homme conscient de sa faute doit mentir et grimacer et dissimuler de tous côtés. Il est forcé de porter des masques, y compris pour ses proches, que dis-je, y compris pour sa propre femme et pour ses propres enfants. Et se conduire ainsi devant ses enfants, c'est précisément cela, le plus épouvantable, Nora.

NORA

Pourquoi ?

HELMER

Parce qu'une telle atmosphère de mensonge apporte la contagion et des germes malsains dans toute une vie de famille. Chaque fois que les enfants respirent, ils absorbent les germes du mal.

NORA

(se rapprochant de lui)

Tu en es sûr ?

HELMER

Oh ! ma chérie, je l'ai souvent constaté comme avocat. Presque tous les jeunes dépravés ont eu des mères menteuses.

NORA

Pourquoi précisément... des mères ?

HELMER

Parce que cela provient le plus fréquemment des mères. Mais bien entendu, les pères agissent dans le même sens. Tout avocat sait fort bien cela. Et pourtant, pendant des années entières, ce Krogstad a empoisonné ses propres enfants par le mensonge et la dissimulation. Voilà pourquoi je le déclare moralement déchu. (*Tendant ses mains vers elle*) Aussi ma douce petite Nora va-t-elle me promettre de ne plus défendre sa cause. Donne-moi ta parole. Eh bien ! Eh bien ! Qu'est-ce qu'il y a ? Tends-moi la main. Voilà. Ainsi, c'est décidé. Je t'assure qu'il me serait impossible de travailler avec lui. Je ressens littéralement un malaise physique à côtoyer de tels individus.

NORA

(reprenant sa main et passant de l'autre côté de l'arbre de Noël)

Comme il fait chaud ici. Et j'ai tant à faire.

HELMER

(se lève et rassemble ses papiers)

Oui, moi aussi, il faut que je me penche un peu sur tout ça avant de passer à table. Je vais penser à ton costume aussi. Et peut-être que j'ai un petit quelque chose dans du papier doré à accrocher à l'arbre de Noël (*Lui posant la main sur la tête*) Oh ! mon bien-aimé petit oiseau chanteur. (*Il entre dans son cabinet et referme la porte derrière lui.*)

NORA

(bas après un moment de silence)

Oh quoi ! Mais non, c'est impossible ! Il faut que ce soit impossible.

La bonne d'enfants

(à la porte de gauche)

Les petits veulent voir leur maman.

NORA

Non, non, non. Ne les laisse pas venir ! Reste avec eux, Anne-Marie.

La bonne d'enfants

Bien, bien, Madame. (*Elle ferme la porte.*)

NORA
(pâle de peur)

Corrompre mes petits enfants... ! Empoisonner la maison... (*court arrêt, elle relève la tête*) Ce n'est pas vrai. Jamais de la vie, ce n'est pas vrai.

DEUXIÈME ACTE

Même salon. Dans le coin, près du piano, l'arbre de Noël, dépouillé, ébouriffé, des bouts de bougies complètement consumés. Le manteau de Nora est sur le sofa. Nora, seule dans le salon, déambule, inquiète. Finalement, elle s'arrête près du sofa et prend son manteau.

NORA
(lâchant son manteau)

Voilà quelqu'un ! (*va vers la porte, écoute*) Non, il n'y a personne. Naturellement... il ne viendra personne aujourd'hui, c'est Noël... et demain non plus... Mais peut-être... (*Ouvre la porte et regarde dehors*) Non, rien dans la boîte aux lettres. Parfaitement vide. (*Revient dans la pièce*) Oh ! bêtises ! Il ne parlait pas sérieusement, bien entendu. Une chose pareille ne peut pas arriver. C'est impossible. J'ai trois enfants petits, tout de même.
(*La bonne d'enfants, portant un gros carton, arrive de la pièce de gauche*)

La bonne d'enfants

J'ai fini par trouver le carton avec le déguisement.

NORA

Merci. Pose-le sur la table.

La bonne d'enfants
(s'excusant)

Mais le costume n'est sans doute pas en état.

NORA

Oh ! si seulement je pouvais le mettre en mille morceaux !

La bonne d'enfants

Mon Dieu ! non ! on peut le remettre en état. Un peu de patience seulement.

NORA

Oui, je vais aller chercher Madame Linde pour qu'elle m'aide.

La bonne d'enfants

Sortir, de nouveau, maintenant ! Avec cet affreux temps ! Madame Nora va prendre froid... tomber malade.

NORA

Oh ! ce ne serait pas le pire. Et les enfants, comment vont-ils ?

La bonne d'enfants

Les pauvres petits jouent avec leurs cadeaux de Noël, mais...

NORA

Est-ce qu'ils me demandent souvent ?

La bonne d'enfants

C'est qu'ils ont tellement l'habitude d'avoir leur maman avec eux.

NORA

Oui, Anne-Marie, mais désormais, je ne pourrai plus être avec eux aussi souvent qu'avant.

La bonne d'enfants

Bon, les enfants s'habituent à tout.

NORA

Tu crois ? Ils oublieraient leur maman si elle s'en allait pour toujours ?

La bonne d'enfants

Grands dieux ! Pour toujours ?

NORA

Ecoute, dis-moi, Anne-Marie... je me suis souvent demandé... Comment as-tu eu le cœur de confier ton enfant à des étrangers ?

La bonne d'enfants

Mais il a bien fallu quand j'ai dû être la nourrice de la petite Nora.

NORA

Oui, mais comment as-tu pu le *vouloir* ?

La bonne d'enfants

Alors que je pouvais trouver une si bonne place ? Une pauvre fille à qui il est arrivé malheur, elle doit s'en réjouir. Parce que ce sale bonhomme ne faisait rien pour moi, n'est-ce pas ?

NORA

Mais ta fille, alors, elle t'a sûrement oubliée ?

La bonne d'enfants

Oh non, sûrement pas. Elle m'a écrit pour sa confirmation, et aussi quand elle s'est mariée.

NORA
(lui passant les bras autour du cou)

Ma vieille Anne-Marie, tu as été une bonne mère pour moi quand j'étais petite.

La bonne d'enfants

Petite Nora, la pauvre, n'avait pas d'autre mère que moi, n'est-ce pas ?

NORA

Et si les petits n'en avaient pas non plus, je sais bien que tu serais... Bêtises, bêtises, bêtises. (*Ouvrant le carton*) Va les voir. Maintenant, il faut que je... Demain, tu vas voir comme je serai ravissante.

La bonne d'enfants

Oui, dans tout le bal, il n'y aura certainement personne d'aussi ravissant que Madame Nora. (*Elle entre dans la pièce de gauche*)

NORA
(se met à déballer le contenu du carton mais repousse bientôt le tout)

Oh ! si j'osais sortir. Si seulement personne ne venait. Si seulement rien n'arrivait ici pendant ce temps. Quelles bêtises ! Il ne viendra personne. Ne pensons pas. Brossons ce manchon. Des gants ravissants, des gants ravissants. Chassons ces idées ! Un, deux, trois, quatre, cinq, six... (*pousse un cri*) Ah ! les voilà... (*veut aller vers la porte, mais reste indécise*)

(*Madame Linde arrive du vestibule où elle a enlevé son manteau*)

NORA

Oh ! c'est toi, Kristine ! Il n'y a personne d'autre, hein ? Comme c'est gentil d'être venue.

Mme LINDE

J'ai appris que tu étais venue me demander.

NORA

Oui, je passais. Il faut que tu m'aides. Asseyons-nous sur le sofa. Regarde. Il doit y avoir un bal costumé demain soir à l'étage au-dessus, chez le consul Stenborg, et Torvald veut que je sois costumée en fille de pêcheur napolitain, et que je danse la tarentelle, parce que je l'ai apprise à Capri.

Mme LINDE

Tiens, tiens ! Tu vas donner toute une représentation ?

NORA

Oui, Torvald dit que je dois le faire. Regarde, voilà le costume. C'est Torvald qui me l'a fait faire là-bas. Mais maintenant, tout ça est tellement déchiré, et je ne sais vraiment pas...

Mme LINDE

Oh ! Nous aurons vite fait de remettre ça en état. C'est seulement la garniture qui s'est détachée par endroits. Une aiguille et du fil ? Bien, voici tout ce qu'il nous faut.

NORA

Oh ! comme c'est gentil de ta part !

Mme LINDE
(cousant)

Ainsi, tu vas te déguiser demain, Nora ? Sais-tu... Je viendrai te voir un instant. Mais voyons, j'ai tout simplement oublié de te remercier pour la bonne soirée d'hier.

NORA
(se lève et traverse la pièce)

Oh ! hier, il me semble que rien n'était aussi agréable que d'habitude... Tu aurais dû venir un peu plus tôt en ville, Kristine... Oui, Torvald s'entend très bien à rendre la maison belle et agréable.

Mme LINDE

Et toi aussi, il me semble... Ce n'est sans doute pas pour rien que tu es la fille de ton père. Mais, dis-moi, est-ce que le docteur Rank est toujours aussi déprimé qu'il l'était hier ?

NORA

Non, hier, c'était particulièrement prononcé. Il est atteint d'une maladie très grave. Il a une tuberculose de la moelle épinière, le pauvre. Je te dirai que son père était un individu dégoûtant qui avait des maîtresses, et bien d'autres choses encore. Et voilà pourquoi son fils a été maladif dès son enfance, comprends-tu ?

Mme LINDE
(qui laisse tomber son ouvrage)

Mais, ma bien chère Nora, comment peux-tu savoir des choses pareilles ?

NORA
(se promenant)

Pfff... ! quand on a trois enfants, on reçoit de temps

en temps la visite de... de dames qui s'y connaissent un peu en médecine. Et, n'est-ce pas, elles vous racontent une chose ou une autre.

Mme LINDE
(se remet à coudre ; court silence)

Et le docteur Rank vient ici tous les jours ?

NORA

Tous les jours que Dieu fait. C'est l'ami d'enfance de Torvald, et c'est un bon ami à moi aussi. Pour ainsi dire, le docteur Rank fait partie de la maison.

Mme LINDE

Mais dis-moi : est-ce que cet homme est tout à fait sincère ? Je veux dire : lui arrive-t-il de faire des compliments ?

NORA

Non, pas du tout. Comment cette idée t'est-elle venue ?

Mme LINDE

Hier, quand tu m'as présentée, il a assuré qu'il avait souvent entendu mon nom, ici dans la maison. Mais ensuite, j'ai remarqué que ton mari n'avait pas la moindre idée de qui j'étais. Alors, comment le docteur Rank pouvait-il... ?

NORA

Oui, c'est tout à fait exact, Kristine. Torvald m'aime si démesurément qu'il veut me « posséder » tout seul, comme il dit. Au début, il lui suffisait de m'entendre nommer une personne qui m'avait été si chère jadis pour qu'il soit jaloux. Alors, naturellement, j'ai cessé. Mais avec le docteur Rank, j'en parle fréquemment, parce qu'il aime bien m'écouter, vois-tu.

Mme LINDE

Nora, écoute... A bien des égards, tu es encore une enfant. Je suis sensiblement plus âgée que toi, comme tu sais, et j'ai un peu plus d'expérience. Je voudrais te dire quelque chose : tu devrais veiller à mettre un terme à tout cela avec le docteur Rank.

NORA

Mettre un terme à quoi ?

Mme LINDE

A bien des choses. Hier, tu m'as parlé d'un riche admirateur qui pourrait te fournir de l'argent...

NORA

Oui, un homme qui n'existe pas, malheureusement. Et alors ?

Mme LINDE

Le docteur Rank a-t-il du bien ?

NORA

Oui, il en a.

Mme LINDE

Et pas de famille ?

NORA

Non, personne. Mais... ?

Mme LINDE

Et il vient chaque jour ici, à la maison ?

NORA

Oui, tu le sais bien.

Mme LINDE

Mais où veut-il en venir, ce beau monsieur ?

NORA

Je ne te comprends absolument pas.

Mme LINDE

Ne dissimule pas, Nora. Crois-tu que je n'aie pas deviné à qui tu as emprunté les douze cents rixdales ?

NORA

As-tu perdu la tête ? Comment peux-tu imaginer chose pareille ? Un ami à nous, qui vient ici tous les jours ! Quelle situation pénible et terrible ce serait !

Mme LINDE

Alors, ce n'est vraiment pas lui ?

NORA

Non, je t'assure. Pas un instant, cela ne m'est venu à l'idée... Et de toute façon, à ce moment-là, il n'avait pas d'argent à prêter, ce n'est qu'après qu'il a hérité.

Mme LINDE

Bon, je crois que ça a été une chance pour toi, ma chère Nora.

NORA

Non, il ne me serait jamais venu à l'idée de demander au docteur Rank. Du reste, je suis absolument certaine que si je lui demandais...

Mme LINDE

Mais, bien entendu, tu ne le feras pas.

NORA

Non, bien entendu. Je ne crois pas que cela devienne nécessaire. Mais je suis tout à fait sûre que si je parlais au docteur Rank...

Mme LINDE

A l'insu de ton mari ?

NORA

Il faut que je me sorte de toute cette histoire. Elle aussi s'est faite à son insu. Il faut que je m'en sorte.

Mme LINDE

Oui, oui, c'est bien aussi ce que je te disais hier. Mais...

NORA
(faisant les cent pas)

Un homme peut beaucoup mieux se tirer de ce genre d'affaires qu'une femme.

Mme LINDE

Si tu parles du mari, oui.

NORA

Bavardage. (*S'arrête*) Quand on paie tout ce qu'on doit, on vous rend votre reçu, n'est-ce pas ?

Mme LINDE

Oui, cela va de soi.

NORA

Et on peut le déchirer en cent mille morceaux et le brûler... ce sale papier dégoûtant !

Mme LINDE
(la regarde fixement, pose son ouvrage et se lève lentement)

Nora, tu me caches quelque chose.

NORA

Tu peux voir ça à ma figure ?

Mme LINDE

Il t'est arrivé quelque chose depuis hier matin, Nora ! Qu'est-ce qu'il y a ?

NORA
(vers elle)

Kristine... (*Ecoutant*) Chut ! Torvald vient de rentrer. Voyons... Va t'installer chez les enfants en attendant. Torvald ne supporte pas de me voir coudre. Dis à Anne-Marie de t'aider.

Mme LINDE
(rassemblant une partie des affaires)

Oui, oui, mais je ne partirai pas d'ici tant que nous n'aurons pas parlé sincèrement. (*Elle entre sur la gauche ; en même temps, Torvald arrive du vestibule*)

NORA
(allant au-devant de lui)

Oh ! comme je t'ai attendu, Torvald chéri.

HELMER

Etait-ce la couturière... ?

NORA

Non, c'était Kristine, elle m'aide à remettre en état mon costume. Tu vas voir l'effet que je vais faire.

HELMER

Eh bien ! ce n'était pas une bonne idée que j'ai eue là ?

NORA

Superbe ! Mais est-ce que je ne suis pas gentille aussi de t'avoir fait plaisir ?

HELMER
(la prenant sous le menton)

Gentille... parce que tu fais plaisir à ton mari ? Bon, bon, petite folle, je sais bien que ce n'est pas ce que tu voulais dire. Mais je ne veux pas te déranger. Il faut que tu fasses des essayages, sans doute.

NORA

Et il faut que tu travailles, sans doute ?

HELMER

Eh oui ! (*Montrant une liasse de papiers*) Vois. Je suis allé à la Banque... (*il veut entrer dans son cabinet*)

NORA

Torvald !

HELMER
(s'arrêtant)

Oui.

NORA

Si ton petit écureuil te demandait instamment une chose... ?

HELMER

Quoi donc ?

NORA

Le ferais-tu ?

HELMER

D'abord, évidemment, il faut savoir ce que c'est.

NORA

L'écureuil courrait partout et ferait des espiègleries si tu voulais être gentil et docile.

HELMER

Allons, dis-le donc.

NORA

L'alouette gazouillerait par toutes les pièces, sur tous les tons...

HELMER

Oh ça, c'est tout de même ce que fait l'alouette, non ?

NORA

Je ferais l'elfe et je danserais pour toi au clair de lune, Torvald.

HELMER

Nora... ce n'est tout de même pas ce que tu laissais entendre ce matin ?

NORA
(plus près)

Si, Torvald, je t'en prie, je t'en supplie !

HELMER

Et tu as vraiment le toupet de revenir sur cette affaire ?

NORA

Oui, oui, il faut que tu me fasses plaisir. Il *faut* que tu laisses Krogstad garder son poste à la Banque.

HELMER

Ma chère Nora, je destine son poste à Madame Linde.

NORA

Oui, c'est certainement gentil de ta part. Mais tu n'as qu'à renvoyer un autre employé au lieu de Krogstad.

HELMER

Quel incroyable entêtement ! Alors, parce que tu as fait la promesse irréfléchie d'intercéder pour lui, je devrais, moi...

NORA

Ce n'est pas pour ça, Torvald. C'est pour toi. Cet individu écrit dans les plus méchants journaux, n'est-ce pas ? Tu l'as dit toi-même. Il peut te faire tant de mal. J'ai tellement peur de lui...

HELMER

Ah ! ah ! je comprends. Ce sont les vieux souvenirs qui t'effraient.

NORA

Que veux-tu dire ?

HELMER

Bien entendu, tu penses à ton père.

NORA

Oui, bien sûr. Rappelle-toi seulement tout ce que de vilaines gens ont écrit dans les journaux sur le compte de papa et les méchantes calomnies qu'ils ont faites. Je crois qu'ils l'auraient fait renvoyer si le Ministère ne t'avait pas envoyé là-bas pour enquêter et si tu n'avais pas été si bienveillant, si secourable pour lui.

HELMER

Ma petite Nora, il y a une grande différence entre ton père et moi. Ton père n'était pas un fonctionnaire inattaquable. Mais moi, si. Et j'espère que je le resterai tant que j'occuperai ce poste.

NORA

Oh ! qui sait ce que les méchantes langues peuvent inventer ! Nous pourrions être si bien, si tranquilles et si heureux ici dans notre paisible foyer sans souci... toi et moi et les enfants, Torvald ! C'est pour cela que je te prie si instamment...

HELMER

Et c'est précisément en intercédant pour lui que tu me mets dans l'impossibilité de le garder. A la Banque, on sait déjà que je veux renvoyer Krogstad. Si le bruit courait maintenant que le nouveau directeur de la Banque se laisse aller à changer d'avis à cause de sa femme...

NORA

Oui. Eh bien... ?

HELMER

Non, peu importe, naturellement, pourvu que la petite entêtée ait fait à son gré... Et tu crois que je me rendrais ridicule aux yeux de tout le personnel... cela amènerait les gens à penser que je dépends de toutes sortes d'influences étrangères. Oui, tu penses bien que les conséquences ne tarderaient pas. Et de plus... il y a un détail qui rend impossible la présence de Krogstad à la Banque aussi longtemps que je resterai directeur.

NORA

Qu'est-ce que c'est ?

HELMER

Au besoin, j'aurais peut-être pu passer sur sa tare morale.

NORA

Oui, n'est-ce pas, Torvald ?

HELMER

D'autant qu'on me dit que c'est un bon employé. Mais c'est une de mes connaissances de jeunesse. Une de ces connaissances trop rapides dont, tant de fois ensuite dans la vie, on est gêné. Oui, autant le dire carrément : nous nous tutoyons. Et cet individu dépourvu de tact ne cache absolument pas cet état de fait quand d'autres personnes sont présentes. Au contraire... Il se croit même autorisé à prendre un ton familier avec moi. Et alors, à chaque instant, ce sont des : tu, toi, Helmer. Je t'assure que cela m'est extrêmement pénible. Il rendrait ma position à la Banque intolérable.

NORA

Torvald, tu ne penses pas un mot de ce que tu dis là.

HELMER

Vraiment ? Et pourquoi pas ?

NORA

Parce que tout ça, c'est bien mesquin comme motif.

HELMER

Qu'est-ce que tu dis ? Mesquin ? Est-ce que tu me trouves mesquin ?

NORA

Mais non, au contraire, cher Torvald. Et c'est précisément pour ça que...

HELMER

Tant pis. Tu trouves mesquins mes motifs, donc, il faut sans doute que je le sois aussi. Mesquin ! Vraiment ! Eh bien ! Il faut en finir. (*Il va vers la porte du vestibule et appelle*) Hélène !

NORA

Que vas-tu faire ?

HELMER
(cherchant dans ses papiers)

Prendre une décision.

(*La bonne entre*)

HELMER

Tenez. Prenez cette lettre. Descendez tout de suite. Trouvez un commissionnaire et qu'il la porte. L'adresse est dessus. Tenez, voilà de l'argent.

La bonne

Bien, Monsieur. (*Elle sort avec la lettre*)

HELMER
(rassemblant ses papiers)

Voilà, ma petite femme entêtée.

NORA
(interdite)

Torvald... qu'est-ce que c'est, cette lettre ?

HELMER

Le renvoi de Krogstad.

NORA

Reprends-la, Torvald ! Il est encore temps. Oh ! Torvald, reprends-la, fais cela pour l'amour de moi... pour l'amour de toi. Pour l'amour des enfants. Entends-tu, Torvald, fais-le ! Tu ne sais pas ce que ça peut nous amener à tous.

HELMER

Trop tard.

NORA

Oui, trop tard.

HELMER

Chère Nora, je te pardonne cette anxiété, bien qu'au fond, ce soit une offense contre moi. Si, c'en est une ; n'est-ce pas une offense que de croire que je devrais, *moi*, avoir peur de la vengeance d'un avocassier corrompu ? Mais je te le pardonne tout de même parce que cela témoigne de ton amour pour moi. (*Il la prend dans ses bras*) Il le faut, ma Nora bien-aimée à moi. Advienne que pourra. Quand il le faut vraiment, tu peux me croire, j'ai du courage et des forces. Tu vas voir, je suis homme à prendre tout sur moi.

NORA
(effrayée)

Que veux-tu dire ?

HELMER

Tout, dis-je...

NORA
(saisie)

Ça, jamais de la vie tu ne le feras !

HELMER

Bien. Alors, nous partagerons, Nora... comme mari et femme. C'est ainsi que cela doit être. (*S'agenouillant devant elle*) Es-tu satisfaite à présent ? Allons, allons. Ne fais plus ces yeux de colombe effarouchée. Tout ça, ce n'est que des imaginations parfaitement vides... Maintenant, tu devrais jouer la tarentelle et t'exercer au tambourin. Je vais m'installer dans le bureau et fermer la porte intermédiaire, ainsi, je n'entendrai rien, tu feras tout le vacarme que tu voudras. (*Se tournant vers la porte*) Et quand Rank arrivera, dis-lui où je suis.

(Il lui fait un signe de tête, entre avec ses papiers dans son cabinet et referme derrière lui.)

NORA
(éperdue d'angoisse, reste hébétée, chuchote)

Il serait capable de le faire. Il le fera, malgré tout... Non, cela, jamais de la vie ! Plutôt n'importe quoi ! De l'aide !... Une issue... (*On sonne dans l'entrée*) Le docteur Rank... ! Plutôt n'importe quoi ! N'importe quoi ! (*Elle se passe la main sur le visage, se ressaisit et va ouvrir la porte du vestibule. Le Dr Rank se trouve là, en train d'accrocher sa pelisse. Au cours de ce qui suit, le crépuscule tombe.*)

NORA

Bonjour, docteur Rank. Je vous ai reconnu à votre façon de sonner. Mais n'entrez pas chez Torvald maintenant, il est occupé, je crois.

RANK

Et vous ?

NORA
(tandis qu'il entre dans le salon et qu'elle referme la porte derrière lui)

Oh ! vous le savez bien... pour vous, j'ai toujours un peu de temps.

RANK

Merci. J'en profiterai aussi longtemps que je le pourrai.

NORA

Qu'est-ce que vous voulez dire ? Aussi longtemps que vous le pourrez ?

RANK

Oui. Cela vous effraie ?

NORA

Eh bien, c'est dit de façon si bizarre. Il doit arriver quelque chose ?

RANK

Ce que je prévois depuis longtemps. Mais je ne croyais vraiment pas que ça viendrait si vite.

NORA
(lui saisissant le bras)

Qu'avez-vous appris ? Docteur Rank, il faut me le dire.

RANK
(s'asseyant près du poêle)

Je suis en bas de la pente. Il n'y a rien à y faire.

NORA
(soulagée)

C'est de vous qu'il s'agit ?

RANK

Et de qui d'autre ? Il ne sert à rien de me mentir à moi-même. Je suis le plus misérable de tous mes patients, Madame Helmer. Ces jours-ci, j'ai entrepris de faire un bilan général de mon état. Banqueroute. D'ici un mois, je serai peut-être en train de pourrir au cimetière.

NORA

Pouah ! comme c'est laid de parler ainsi !

RANK

Il faut dire aussi que l'affaire est sacrément laide. Mais le pire, c'est qu'avant, il y a tant d'autres horreurs. Il ne reste plus qu'un seul examen à faire. Après, je saurai à peu près à quel moment le dénouement interviendra. Il y a une chose que je veux vous dire. Dans sa délicate nature, Helmer a une répugnance marquée pour tout ce qui est hideux. Je ne veux pas de lui à mon chevet de mourant.

NORA

Mais, Docteur Rank...

RANK

Je n'en veux pas. A aucun prix. Je lui fermerai ma porte... Dès que j'aurai la pleine assurance du pire, je vous enverrai ma carte de visite avec une grande croix dessus, et alors, vous saurez que l'abomination de la désolation a commencé.

NORA

Non, aujourd'hui, vous êtes absolument hors de sens. Et moi qui aurais tellement voulu que vous soyez vraiment de bonne humeur.

RANK

Avec la mort entre les mains... ? Et tout ça pour expier la faute d'un autre. Est-ce juste, ça ? Et dire que dans chaque famille, il y a d'une façon ou d'une autre une liquidation de ce genre...

NORA
(se bouchant les oreilles)

Bavardage ! Soyons joyeux, joyeux !

RANK

Oui, par ma foi, il n'y a rien d'autre à faire que de rire. Ma pauvre, mon innocente colonne vertébrale doit souffrir de la joyeuse vie que mena mon père, du temps qu'il était lieutenant.

NORA
(près de la table, à gauche)

Il était trop porté sur les asperges et le pâté de foie gras, n'est-ce pas ?

RANK

Oui, et sur les truffes, aussi.

NORA

Ah oui, les truffes. Et aussi sur les huîtres, je crois ?

RANK

Oui, les huîtres, ça va de soi.

NORA

Et encore sur tout ce porto et ce champagne. C'est affligeant que toutes ces choses délicates se reportent sur la colonne vertébrale.

RANK

Spécialement quand elles se reportent sur une malheureuse colonne vertébrale qui n'en a pas éprouvé le moindre bien.

NORA

Ah oui ! C'est bien le plus affligeant de tout.

RANK
(la regardant d'un œil inquisiteur)

Hum...

NORA
(un instant après)

Pourquoi souriez-vous ?

RANK

Non, c'est vous qui avez souri.

NORA

Non, c'est vous qui avez souri, Docteur Rank !

RANK
(se levant)

Vous devez être encore plus espiègle que je le pensais.

NORA

J'ai tellement envie de dire des folies aujourd'hui.

RANK

Ça m'en a tout l'air.

NORA
(lui posant les deux mains sur les épaules)

Cher, cher Docteur Rank, il ne faut pas mourir et nous quitter, Torvald et moi.

RANK

Oh ! vous vous remettrez facilement de cette perte, ma foi. Ceux qui s'en vont sont bien vite oubliés.

NORA
(le regardant, inquiète)

Vous croyez ?

RANK

On se fait de nouvelles relations, et puis...

NORA

Qui se fait de nouvelles relations ?

RANK

C'est ce que vous ferez, vous et Helmer, quand je serai parti. Vous-même êtes déjà bien en route, il me semble. Qu'est-ce que cette Madame Linde avait à faire ici hier soir ?

NORA

Ah ! ah... vous n'êtes tout de même pas jaloux de cette pauvre Kristine ?

RANK

Si, je le suis. C'est elle qui prendra ma place, ici, dans la maison. Quand mon échéance sera arrivée, c'est peut-être cette femme...

NORA

Chut ! Ne parlez pas si fort, elle est ici.

RANK

Aujourd'hui aussi ? Vous voyez bien.

NORA

Seulement pour coudre mon costume. Seigneur Dieu,

comme vous êtes déraisonnable. (*S'assoit sur le sofa*) Soyez gentil, Docteur Rank. Demain, vous allez voir comme je vais danser superbement. Et alors, vous imaginerez que je le fais rien que pour vous. Oui, et aussi, naturellement, pour Torvald... cela va de soi. (*Sortant diverses affaires du carton*) Docteur Rank, asseyez-vous ici, je vais vous montrer quelque chose.

RANK
(s'asseyant)

Quoi donc ?

NORA

Voilà ! Regardez.

RANK

Des bas de soie.

NORA

Couleur chair. N'est-ce pas merveilleux ! Puis, il fait si sombre ici. Mais demain... Non, non, non, vous ne devez voir que la plante des pieds. Oh, après tout, vous pouvez bien voir plus haut aussi.

RANK

Hum...

NORA

Pourquoi avez-vous l'air si critique ? Vous croyez peut-être qu'ils n'iront pas ?

RANK

Il m'est tout à fait impossible de me faire une opinion.

NORA
(le regardant un instant)

Honte à vous. (*Lui frappant légèrement l'oreille avec les bas*) Voilà pour vous. (*Elle les rempaquète*)

RANK

Et quelles sont les autres merveilles à voir ?

NORA

Vous ne verrez rien d'autre. Parce que vous êtes inconvenant. (*Elle chantonne un peu en fouillant dans les affaires*).

RANK
(après un bref silence)

Quand je me trouve ici, comme ça, familièrement avec vous, je ne saisis pas... non, je ne comprends pas... ce que je serais devenu si je n'étais jamais venu ici, dans cette maison.

NORA
(souriant)

Oui, je crois en effet qu'au fond, vous vous sentez tout à fait à votre aise chez nous.

RANK
(plus bas, regardant fixement devant lui)

Et devoir quitter tout cela...

NORA

Bêtises, vous ne nous quitterez pas.

RANK
(comme avant)

... et ne pas pouvoir laisser même un petit signe de

reconnaissance... à peine un manque passager... rien d'autre qu'une place vide qui sera prise par le premier venu.

NORA

Et si je vous demandais de... ? Non...

RANK

Si vous me demandiez quoi ?

NORA

Une grande preuve de votre amitié...

RANK

Oui, eh bien ?

NORA

Non, je veux dire, un immense service...

RANK

Pour une fois, voudriez-vous vraiment me rendre si heureux ?

NORA

Oh ! mais, vous ne savez même pas de quoi il s'agit.

RANK

Bon, alors, dites-le.

NORA

Non, je ne peux pas, Docteur Rank, c'est tellement énorme... à la fois un conseil, une aide et un service...

RANK

Plus c'est, mieux c'est. Je ne parviens pas à saisir ce que vous pouvez bien vouloir dire. Mais parlez donc. Est-ce que je n'ai pas votre confiance ?

NORA

Si, vous l'avez comme personne. Vous êtes mon plus fidèle et mon meilleur ami, je le sais assez. C'est aussi pourquoi je vais vous le dire. Bon. Eh bien, Docteur Rank, il y a une chose qu'il faut que vous m'aidiez à éviter. Vous savez à quel point Torvald m'aime. Pas un instant, il n'hésiterait à donner sa vie pour moi.

RANK
(se penchant vers elle)

Nora... Croyez-vous donc qu'il soit le seul... ?

NORA
(avec un léger sursaut)

Le seul qui...

RANK

... qui donnerait joyeusement sa vie pour vous.

NORA
(tristement)

Ah bon !

RANK

Je m'étais juré de vous le dire avant de partir. Je ne trouverai jamais une meilleure occasion... Oui Nora, maintenant, vous le savez. Et maintenant, par conséquent, vous savez aussi que vous pouvez vous confier à moi comme à personne.

NORA
(se levant, égale et calme)

Laissez-moi passer.

RANK
(lui faisant place, mais restant assis)

Nora...

NORA
(à la porte du vestibule)

Hélène, apportez la lampe. (*Allant vers le poêle*) Ah ! cher Docteur Rank, ce n'est vraiment pas bien.

RANK
(se levant)

De vous avoir aimée aussi profondément qu'on peut le faire ? Ce n'est vraiment pas bien ?

NORA

Non, mais de me l'avoir dit. Ce n'était absolument pas nécessaire...

RANK

Que voulez-vous dire ? Vous le saviez donc... ? (*La bonne entre apportant la lampe, la pose sur la table et ressort*)

RANK

Nora... Madame Helmer... je vous demande si vous le saviez...

NORA

Oh ! Est-ce que je sais ? Je ne peux vraiment pas vous

dire... Dire que vous avez pu être aussi maladroit, Docteur Rank ! Tout allait si bien.

RANK

Eh bien ! Vous avez en tout cas la certitude que je suis à votre disposition corps et âme. Parlez maintenant.

NORA
(le regardant)

Après ce que vous venez de dire ?

RANK

Je vous en prie, dites-moi...

NORA

Ce n'est pas possible. Vous ne saurez rien maintenant.

RANK

Si, si. Vous ne devez pas me punir ainsi. Permettez-moi de faire pour vous tout ce qui est humainement possible.

NORA

Maintenant, vous ne pouvez plus rien pour moi... D'ailleurs, je n'ai besoin d'aucune aide. Vous verrez, tout ça n'est qu'imaginations. Mais oui, c'est ainsi. Naturellement. (*Elle s'assoit dans le fauteuil à bascule, le regarde, sourit*) Oui, vous êtes vraiment un charmant monsieur, Docteur Rank. Et vous n'avez pas honte, maintenant que la lampe est allumée ?

RANK

Non. Absolument pas. Mais il faut peut-être que je m'en aille... pour toujours ?

NORA

Non. Ne faites pas ça, vraiment. Vous viendrez ici comme avant, bien entendu. Vous savez bien que Torvald ne peut pas se passer de vous.

RANK

Oui, mais vous ?

NORA

Oh ! Moi ? Tout est si agréable, il me semble, dès que vous arrivez.

RANK

C'est précisément cela qui m'a égaré. Vous êtes une énigme pour moi. Maintes fois, il m'a semblé que vous vous plaisiez tout autant avec moi qu'avec Helmer.

NORA

Oui, voyez-vous, c'est qu'il y a ceux que l'on aime et ceux avec qui l'on se plaît.

RANK

C'est vrai. Il y a quelque chose de vrai dans ce que vous dites.

NORA

Quand j'étais chez nous, j'aimais papa plus que tout, bien entendu. Mais je trouvais toujours tellement amusant de pouvoir pénétrer en cachette dans la chambre des bonnes. Elles, elles ne me faisaient jamais la morale. Et elles se racontaient toujours des histoires si drôles.

RANK

Ah ! Ah ! Ainsi, c'est elles que j'ai remplacées.

NORA
(se levant d'un bond et allant vers lui)

Oh ! cher, gentil Docteur Rank, ce n'est pas du tout ce que je voulais dire. Mais vous pouvez bien comprendre qu'il en va de Torvald comme de papa...

La bonne
(venant du vestibule)

Madame (*Elle chuchote et lui tend une carte*).

NORA
(jette un coup d'œil sur la carte)

Ah ! (*Elle fourre la carte dans sa poche*)

RANK

Quelque chose qui ne va pas ?

NORA

Non, non, absolument rien. C'est seulement... c'est mon nouveau costume...

RANK

Comment ça ? Mais il est là, votre costume.

NORA

Oh oui ! celui-là. Mais il y en a un autre. Je l'ai demandé... Il ne faut pas que Torvald le sache...

RANK

Ah ! Ah ! ainsi, le voilà, le grand secret !

NORA

Oui, voilà, c'est ça. Allez donc voir Torvald. Il est dans la pièce du fond. Tenez-le occupé en attendant...

RANK

Soyez tranquille, il ne m'échappera pas. (*Il entre dans le cabinet de Helmer)*

NORA
(à la bonne)

Il attend dans la cuisine ?

La bonne

Oui, il est monté par l'escalier de service.

NORA

Mais tu ne lui as pas dit qu'il y avait déjà quelqu'un ici ?

La bonne

Si, mais rien n'y a fait.

NORA

Il ne veut pas s'en aller ?

La bonne

Non, il ne s'en ira pas avant d'avoir parlé à Madame.

NORA

Bon, alors, qu'il entre. Mais sans bruit. Hélène, il ne faut le dire à personne, c'est une surprise pour mon mari.

La bonne

Oui, oui, je comprends. (*Elle sort*)

NORA

L'horreur se prépare. Le voilà qui vient. Non, non, non, ça ne se peut pas. Ça ne doit pas se faire.

(*Elle va pousser le verrou de la porte de Helmer. La bonne ouvre la porte à l'avocat Krogstad et referme derrière lui. Il est en pelisse de fourrure, bottes hautes et bonnet fourré*)

NORA
(allant vers lui)

Parlez doucement, mon mari est là.

KROGSTAD

Soit !

NORA

Que me voulez-vous ?

KROGSTAD

Obtenir un renseignement.

NORA

Alors, dépêchez-vous. De quoi s'agit-il ?

KROGSTAD

Vous savez bien que j'ai reçu mon congé.

NORA

Je n'ai pas pu l'empêcher, Monsieur Krogstad. J'ai

lutté jusqu'au bout pour votre cause. Mais rien n'y a fait.

KROGSTAD

Votre mari a-t-il si peu d'amour pour vous ? Il sait à quoi je peux vous exposer, et tout de même, il a osé...

NORA

Et vous, comment osez-vous imaginer qu'il sache ?

KROGSTAD

Oh non, ce n'est pas ce que je pensais non plus. Ça ne ressemble vraiment pas à mon bon Torvald Helmer de montrer tant de courage viril...

NORA

Monsieur Krogstad, j'exige que l'on respecte mon mari.

KROGSTAD

Dieu me garde, il a tout le respect qu'on lui doit. Mais comme Madame cache cette histoire avec tant de soin, j'ose présumer que l'on vous a renseignée un peu mieux qu'hier sur la vraie nature de ce que vous avez fait.

NORA

Mieux que vous n'auriez pu, *vous*, me l'apprendre jamais.

KROGSTAD

Oui, mauvais juriste comme je suis...

NORA

Et vous me voulez quoi ?

KROGSTAD

Oh ! simplement voir comment vous allez, Madame Helmer. Je n'ai cessé de penser à vous toute la journée. Un encaisseur, un faiseur de faux, un... eh bien quelqu'un comme moi a aussi un peu de ce que l'on appelle du cœur, voyez-vous.

NORA

Alors, montrez-le, pensez à mes enfants.

KROGSTAD

Et vous et votre mari, avez-vous pensé aux miens ? Mais tout ça n'a pas d'importance. Ce que je voulais simplement vous dire, c'est que vous n'avez pas besoin de prendre cette affaire trop au sérieux. Pour commencer, je ne déposerai pas de plainte contre vous.

NORA

Oh non ! Pas vrai ? Je le savais bien.

KROGSTAD

On peut arranger tout cela à l'amiable. Cela n'a tout simplement pas besoin de venir aux oreilles d'autrui. Ça restera seulement entre nous trois.

NORA

Mon mari ne devra jamais rien savoir.

KROGSTAD

Comment pouvez-vous empêcher cela ? Pouvez-vous payer ce qui reste ?

NORA

Non, pas tout de suite.

KROGSTAD

Ou bien vous avez, peut-être, un moyen de trouver de l'argent ces jours-ci ?

NORA

Aucun moyen dont je voudrais user.

KROGSTAD

Oui, ça ne vous aurait servi à rien tout de même. Vous auriez beau être là, le paiement comptant à la main, vous n'obtiendriez pas de moi votre reçu pour autant.

NORA

Alors, expliquez-moi comment vous voulez vous en servir.

KROGSTAD

Je veux le garder... en être le dépositaire. Personne n'en saura rien. En conséquence, si vous voulez prendre une résolution désespérée...

NORA

J'y ai pensé.

KROGSTAD

Si vous deviez envisager de vous enfuir de votre foyer...

NORA

J'y ai pensé.

KROGSTAD

... ou si vous deviez penser au pire...

NORA

Comment pouvez-vous le savoir ?

KROGSTAD

... renoncez-y.

NORA

Comment pouvez-vous savoir que je pense à *cela* ?

KROGSTAD

Nous pensons presque tous à *cela*, au début. Moi aussi, j'y ai pensé ; mais, par ma foi, je n'en ai pas eu le courage...

NORA
(d'une voix sans timbre)

Moi non plus.

KROGSTAD
(soulagé)

Non, n'est-ce pas. Vous n'en avez pas le courage, vous non plus ?

NORA

Non, je ne l'ai pas, je ne l'ai pas.

KROGSTAD

Et ce serait une grosse sottise aussi. Une fois que le premier orage conjugal sera passé... J'ai dans ma poche une lettre pour votre mari...

NORA

Où vous lui racontez tout ?

KROGSTAD

En termes aussi mesurés que possible.

NORA
(rapidement)

Il ne faut pas qu'il reçoive cette lettre. Déchirez-la. Je trouverai l'argent.

KROGSTAD

Pardonnez-moi, Madame, mais je crois vous avoir dit à l'instant...

NORA

Oh ! Je ne parle pas de l'argent que je vous dois. Faites-moi savoir quelle somme vous exigez de mon mari, je me la procurerai.

KROGSTAD

Je n'exige pas d'argent de votre mari.

NORA

Qu'exigez-vous, alors ?

KROGSTAD

Vous allez le savoir. Je veux me remettre sur pied, Madame, je veux y parvenir. Et votre mari doit m'y aider. Pendant un an et demi, je ne me suis rendu coupable d'aucune malhonnêteté. Pendant tout ce temps, j'ai lutté contre les conditions les plus dures. J'étais content de remonter, pas à pas, par mon travail. Et maintenant, on me chasse et je ne me satisferai pas de n'être repris que par pitié. Je veux parvenir, vous dis-je. Je veux rentrer à la Banque... obtenir un poste plus élevé. Votre mari doit créer un poste pour moi.

NORA

Cela, jamais il ne le fera !

KROGSTAD

Il le fera, je le connais, il n'osera pas regimber. Et si je suis à la tête de cette affaire avec lui, alors, vous allez voir ! D'ici un an, je serai le bras droit du directeur. Ce sera Nils Krogstad et non Torvald Helmer qui dirigera la Banque.

NORA

Cela, vous ne le vivrez jamais !

KROGSTAD

Voulez-vous, peut-être... ?

NORA

Oui, maintenant, j'en aurai le courage.

KROGSTAD

Oh ! vous ne m'effrayez pas. Une belle dame délicate comme vous...

NORA

Vous allez voir, vous allez voir !

KROGSTAD

Sous la glace, peut-être ? Oui, dans l'eau glacée, d'un noir de charbon ? Et puis, au printemps, remonter à la surface, laide, méconnaissable, sans cheveux...

NORA

Vous ne m'effrayez pas.

KROGSTAD

Vous non plus, vous ne m'effrayez pas. Des choses de ce genre, ça ne se fait pas, Madame Helmer. Et puis, à quoi cela servirait-il ? Je l'ai tout de même dans ma poche.

NORA

Même après coup ? Quand je ne serai plus... ?

KROGSTAD

Oubliez-vous que, même alors, je disposerai de votre mémoire ?

NORA

(reste sans voix et le regarde)

KROGSTAD

Eh bien, maintenant, vous voilà prévenue. Pas de sottises ! Quand Helmer aura reçu ma lettre, j'attendrai sa réponse. Et rappelez-vous bien que c'est votre mari qui m'a forcé à faire cette démarche. Je ne le lui pardonnerai jamais. Adieu, Madame. (*Il sort par le vestibule*)

NORA

(vers la porte du vestibule, l'entr'ouvre et écoute)

Il s'en va. Ne remet pas la lettre. Oh ! non, non. Ce serait impossible aussi ! (*Ouvre progressivement la porte*) Qu'est-ce qu'il y a ? Il reste dehors, ne descend pas l'escalier. Est-ce qu'il se ravise ? Est-ce qu'il... (*Une lettre tombe dans la boîte aux lettres. Puis on entend les pas de Krogstad qui se perdent en descendant les marches*)

NORA

(avec un cri étouffé, court vers l'avant de la pièce et vers la table du sofa ; court arrêt)

Dans la boîte aux lettres (*se coule, effarouchée, jusqu'à*

la porte du vestibule) Elle est là... Torvald, Torvald, nous sommes perdus !

Mme LINDE
(arrivant de la pièce de gauche avec le costume)

Voilà ! Je ne vois plus rien à reprendre. On pourrait essayer... ?

NORA
(rauque et lentement)

Kristine, viens ici.

Mme LINDE
(jetant le costume sur le sofa)

Qu'est-ce qui ne va pas ? Tu as l'air bouleversée.

NORA

Viens ici. Tu vois cette lettre ? *Là*, regarde... à travers le carreau de la boîte aux lettres.

Mme LINDE

Oui, oui, je vois.

NORA

Cette lettre est de Krogstad.

Mme LINDE

Nora... C'est Krogstad qui t'a prêté l'argent ?

NORA

Oui, et maintenant, Torvald va tout savoir.

Mme LINDE

Oh ! Nora, crois-moi, c'est le mieux pour vous deux.

NORA

Tu ne sais pas tout. J'ai fait un faux...

Mme LINDE

Mais pour l'amour du ciel... !

NORA

Voilà. C'est tout ce que je te dirai, Kristine. Tu es mon témoin.

Mme LINDE

Comment ça, témoin ? Qu'est-ce que je dois... ?

NORA

Parce que je commence à perdre la tête... et ça pourrait bien arriver...

Mme LINDE

Nora !

NORA

Ou s'il m'arrivait autre chose... et que je ne sois pas là pour...

Mme LINDE

Nora, Nora, mais tu as complètement perdu la tête.

NORA

S'il y avait quelqu'un qui voulait se charger de tout, de toute la faute, comprends-tu...

Mme LINDE

Oui, oui. Mais comment peux-tu penser ?

NORA

Alors, il faudra que tu témoignes que ce n'est pas vrai, Kristine. Je n'ai absolument pas perdu l'esprit : j'ai toute ma tête et je te dis : personne d'autre ne sait, moi seule ai tout fait. Rappelle-toi.

Mme LINDE

Sûrement. Mais je ne comprends pas encore.

NORA

Oh ! comment pourrais-tu comprendre ? C'est le miracle qui va avoir lieu maintenant.

Mme LINDE

Le miracle ?

NORA

Oui, le miracle. Mais c'est tellement terrible, Kristine... Il ne *faut* pas que ça arrive, à aucun prix.

Mme LINDE

Je m'en vais immédiatement parler à Krogstad.

NORA

N'y va pas, il te fera du mal.

Mme LINDE

Il fut un temps où il aurait volontiers fait n'importe quoi pour moi.

NORA

Krogstad ?

Mme LINDE

Où habite-t-il ?

NORA

Oh ! est-ce que je sais... Si ! (*prenant dans sa poche*) Voici sa carte de visite. Mais la lettre, la lettre... !

HELMER
(de l'intérieur de son cabinet, frappant à la porte)

Nora... !

NORA
(avec un cri d'angoisse)

Oh ! qu'est-ce qu'il y a ? Que me veux-tu ?

HELMER

Voyons, voyons, n'aie pas peur. Nous ne pouvons pas entrer, tu as fermé la porte. Tu fais des essayages ?

NORA

Oui, oui, je fais des essayages. Je vais être si jolie, Torvald !

Mme LINDE
(qui a regardé la carte de visite)

Mais il habite tout près d'ici, au coin de la rue.

NORA

Oui. Mais ça ne sert à rien. Nous sommes perdus. La lettre est dans la boîte.

Mme LINDE

Ton mari a la clef ?

NORA

Oui, toujours.

Mme LINDE

Il faut que Krogstad réclame sa lettre sans qu'on l'ait lue. Il faut qu'il trouve un prétexte.

NORA

Mais justement à cette heure-ci, Torvald a l'habitude de...

Mme LINDE

Essaie de le retenir. Entre chez lui pour le moment. Je reviens dès que je peux. (*Elle sort très rapidement par la porte du vestibule.*)

NORA
(va à la porte de Helmer, l'ouvre et regarde à l'intérieur)

Torvald !

HELMER
(dans la pièce du fond)

Eh bien ! Peut-on enfin oser pénétrer dans son propre salon ? Viens, Rank, nous allons voir... (*A la porte*) Mais qu'est-ce que c'est ?

NORA

Quoi donc, Torvald chéri ?

HELMER

Rank m'avait préparé à toute une scène de déguisement de grand style.

RANK
(à la porte)

C'est ce que j'avais compris : mais j'ai dû me tromper.

NORA

Oui, personne ne doit m'admirer dans ma splendeur avant demain.

HELMER

Mais, ma chère Nora, tu as l'air tellement tendue. Tu as fait des répétitions ?

NORA

Non, je n'ai pas encore répété, tout simplement.

HELMER

Il le faudrait, pourtant...

NORA

Oui, il le faudrait absolument, Torvald. Mais je n'y parviens vraiment pas sans ton aide. J'ai tout oublié, tout simplement.

HELMER

Oh ! Nous aurons vite fait de te rafraîchir la mémoire.

NORA

Oui, prends soin de moi, Torvald ! Tu veux bien me le promettre ? Oh ! je suis si inquiète ! Cette grande société... Tu dois te sacrifier complètement à moi, ce soir. Pas la moindre affaire, pas d'écritures ! Hein ? N'est-ce pas ? Torvald chéri ?

HELMER

Je te le promets ; ce soir, je suis entièrement à toi... petite chose désemparée... Hum ! il est vrai qu'il y a une chose tout de même que je veux d'abord... (*va vers la porte du vestibule*)

NORA

Qu'est-ce que tu veux voir là-bas ?

HELMER

Seulement voir s'il y aurait des lettres qui sont arrivées.

NORA

Non, non, n'y va pas, Torvald !

HELMER

Qu'est-ce qu'il y a donc ?

NORA

Torvald, je t'en prie, il n'y a rien.

HELMER

Alors, laisse-moi voir. (*Il veut y aller*)

NORA
(*au piano, joue les premières mesures de la tarentelle*)

HELMER
(*à la porte, s'arrête*)

Ah ! ah !

NORA

Je ne pourrai pas danser demain si je ne répète pas aujourd'hui.

HELMER
(allant vers elle)

As-tu si peur, vraiment, chérie ?

NORA

Oh oui, terriblement peur. Laisse-moi répéter tout de suite, nous avons encore le temps avant de passer à table. Oh ! assois-toi et joue pour moi, Torvald chéri. Corrige-moi. Guide-moi comme tu en as l'habitude.

HELMER

Volontiers, très volontiers puisque tu le désires (*Il s'assoit au piano*)

NORA
(sort le tambourin du carton et, pareillement, un long châle bariolé dont elle se drape en un clin d'œil ; sur quoi, elle s'avance d'un bond dans la pièce et s'écrie :)

Joue pour moi ! Je veux danser ! (*Helmer joue et Nora danse. Le Dr Rank se tient près du piano derrière Helmer et regarde*)

HELMER
(jouant)

Doucement... doucement !

NORA

Je n'arrive pas !

HELMER

Moins d'emportement, Nora !

NORA

Mais c'est exactement comme ça que ça doit être.

HELMER
(s'arrêtant)

Non, non, ça ne va pas.

NORA
(riant et agitant le tambourin)

Tu vois bien !

RANK

Laisse-moi jouer pour elle.

HELMER
(se levant)

Oui, volontiers, comme ça, je pourrai mieux la guider. (*Rank s'assoit au piano et joue. Nora danse avec une frénésie croissante. Helmer s'est installé près du poêle et fait de temps à autre à Nora des remarques qu'elle semble ne pas entendre. Ses cheveux se dénouent et lui tombent sur les épaules. Elle n'y prête pas attention et continue de danser. Madame Linde entre*)

Mme LINDE
(s'arrête, interdite, à la porte)

Oh... !

NORA
(tout en dansant)

Tu tombes en pleine folie, Kristine.

HELMER

Mais ma chère Nora, tu danses comme s'il y allait de ta vie.

NORA

Justement, c'est bien le cas.

HELMER

Rank, arrête. C'est de la folie pure. Arrête, donc ! (*Rank arrête de jouer et Nora cesse soudain*)

HELMER
(à Nora)

Ça, je n'aurais tout de même jamais cru. Tu as oublié tout ce que je t'ai appris.

NORA
(en jetant le tambourin)

Là, tu vois bien.

HELMER

Eh bien ! il faut vraiment te guider.

NORA

Oui, c'est nécessaire, tu vois bien. Il faut tout recommencer à zéro. Tu me le promets, Torvald ?

HELMER

Absolument, comptes-y.

NORA

Tu ne dois, ni aujourd'hui ni demain, avoir de pensée pour autre chose que pour moi. Tu ne dois pas ouvrir de lettres... pas ouvrir la boîte aux lettres...

HELMER

Ah ! ah ! c'est toujours l'inquiétude pour cet homme...

NORA

Eh bien ! oui, ça aussi.

HELMER

Nora, je vois à ton air qu'il y a déjà une lettre de lui.

NORA

Je ne sais pas. Je crois. Mais tu ne dois rien lire de pareil maintenant. Il ne doit rien y avoir de laid entre nous avant que tout soit fini.

RANK
(bas à Helmer)

Il ne faut pas la contrarier.

HELMER
(entourant Nora de ses bras)

L'enfant aura satisfaction. Mais demain soir, quand tu auras dansé...

NORA

Alors, tu seras libre.

LA BONNE
(à la porte de droite)

Madame est servie.

NORA

Nous voulons du champagne, Hélène.

LA BONNE

Bien, Madame (*elle sort*)

HELMER

Hé ! hé ! un festin, par conséquent ?

NORA

Banquet au champagne, jusqu'au matin. (*Criant*) Et un peu de macarons, Hélène... beaucoup... pour une fois.

HELMER
(lui prenant les mains)

Allons, allons, allons. Pas tant de frénésie. Sois donc la petite alouette, comme d'habitude.

NORA

Oh oui ! Torvald. Mais entre, en attendant. Et vous aussi, Docteur Rank. Kristine, aide-moi à relever mes cheveux.

RANK
(bas, tout en passant dans la salle à manger)

Voyons ! Il n'y a rien... rien d'autre en route ?

HELMER

Oh ! loin de là, mon cher, il n'y a strictement rien d'autre que cette angoisse puérile dont je t'ai parlé. (*Ils sortent sur la droite*)

NORA

Eh bien ?

Mme LINDE

Parti pour la campagne.

NORA

Je l'ai vu à ton air.

Mme LINDE

Il revient demain soir. Je lui ai laissé un mot.

NORA

Tu n'aurais pas dû. Tu n'empêcheras rien. Au fond, c'est tout de même une joie d'attendre le miracle.

Mme LINDE

D'attendre quoi ?

NORA

Oh ! tu ne peux pas comprendre. Va les retrouver, j'arrive tout de suite. (*Madame Linde entre dans la salle à manger*)

NORA

(reste immobile un moment comme pour se ressaisir. Sur ce elle regarde sa montre)

Cinq heures. D'ici à minuit, sept heures. Puis vingt-quatre heures jusqu'à minuit prochain. Alors la tarentelle sera dansée. Vingt-quatre et sept ? Trente et une heures à vivre.

HELMER

(à la porte de droite)

Mais que fait donc la petite alouette ?

NORA

(s'élançant dans ses bras)

La voici !

TROISIÈME ACTE

Même appartement. La table de sofa et les chaises qui l'entourent ont été avancées au milieu de la pièce. Une lampe brûle sur la table. La porte du vestibule est ouverte. On entend de la musique de danse venant de l'étage du dessus.

Madame Linde est assise à la table et feuillette distraitement un livre ; elle essaie de lire, mais semble ne pas parvenir à fixer ses pensées ; deux ou trois fois, elle tend l'oreille vers la porte du dehors.

Mme LINDE
(regardant sa montre)

Il ne vient pas. Et pourtant, il est grand temps maintenant. Pourvu qu'il... (*Ecoutant de nouveau*) Ah ! le voilà ! (*elle passe dans le vestibule et ouvre doucement la porte de dehors, on entend un pas lent dans l'escalier. Elle chuchote* :) Entrez. Il n'y a personne.

KROGSTAD
(à la porte)

J'ai trouvé chez moi un mot de vous. Qu'est-ce que cela signifie ?

Mme LINDE

Il faut absolument que je vous parle.

KROGSTAD

Ah bon ! Et cet entretien doit absolument avoir lieu ici, dans cette maison ?

Mme LINDE

Chez moi, c'était impossible. Je n'ai pas d'entrée indépendante. Entrez. Nous sommes seuls, la bonne dort et les Helmer sont au bal au-dessus.

KROGSTAD
(entrant dans le salon)

Tiens ! tiens ! les Helmer dansent ce soir ! Vraiment ?

Mme LINDE

Oui, pourquoi pas ?

KROGSTAD

Oh pour rien !

Mme LINDE

Krogstad, nous avons à parler tous les deux.

KROGSTAD

Tous les deux ? Aurions-nous encore des choses à nous dire ?

Mme LINDE

Nous avons beaucoup de choses à nous dire.

KROGSTAD

Je n'aurais pas cru.

Mme LINDE

C'est que vous ne m'avez jamais bien comprise.

KROGSTAD

Y avait-il autre chose à comprendre que ce qui est clair comme le jour : une femme sans cœur éconduit un homme quand il se présente un parti plus avantageux.

Mme LINDE

Croyez-vous que je sois sans cœur à ce point ? Et croyez-vous que j'aie rompu d'un cœur léger ?

KROGSTAD

Vraiment ?

Mme LINDE

Krogstad, l'avez-vous vraiment cru ?

KROGSTAD

Dans ce cas, pourquoi m'avez-vous écrit comme vous l'avez fait ?

Mme LINDE

Mais je ne pouvais rien faire d'autre. Puisque je devais rompre avec vous, c'était également mon devoir que d'extirper de votre cœur tout ce que vous ressentiez pour moi.

KROGSTAD
(se tordant les mains)

Ah bon ! c'est ainsi ! Et cela... cela uniquement pour de l'argent ?

Mme LINDE

Vous ne devez pas oublier que j'avais une mère sans ressources et deux petits frères. Nous ne pouvions pas nous attendre, Krogstad. Vous aviez des projets si lointains à ce moment-là.

KROGSTAD

Soit. Mais vous n'aviez pas le droit de me repousser pour un autre.

Mme LINDE

Je ne sais pas. Maintes fois, je me suis demandé si j'en avais le droit.

KROGSTAD
(baissant la voix)

Quand je vous ai perdue, ce fut comme si le sol s'était dérobé sous mes pieds. Regardez-moi. A présent, je suis un naufragé sur une épave.

Mme LINDE

Le salut pourrait être proche.

KROGSTAD

Il était proche, et puis vous êtes venue me l'enlever.

Mme LINDE

C'était à mon insu, Krogstad. Ce n'est qu'aujourd'hui que j'ai appris que c'était vous que j'allais remplacer à la Banque.

KROGSTAD

Je vous crois puisque vous me le dites. Mais maintenant que vous le savez, allez-vous y renoncer ?

Mme LINDE

Non, car cela ne vous servirait à rien.

KROGSTAD

Oh servir, servir... Moi, c'est ce que je ferais tout de même.

Mme LINDE

J'ai appris à agir raisonnablement. La vie et l'amère nécessité me l'ont appris.

KROGSTAD

Et moi, la vie m'a appris à ne pas croire aux belles paroles.

Mme LINDE

Alors, la vie vous a appris une chose fort sensée. Mais aux actes, il faut bien que vous croyiez, tout de même ?

KROGSTAD

Comment cela ?

Mme LINDE

Vous disiez que vous étiez comme un naufragé sur une épave ?

KROGSTAD

J'avais sans doute de bonnes raisons de parler ainsi.

Mme LINDE

Eh bien ! moi aussi, je suis comme une naufragée sur

une épave. Personne à qui me dévouer, personne qui ait besoin de moi.

KROGSTAD

C'est vous qui l'avez voulu.

Mme LINDE

Je n'avais pas le choix.

KROGSTAD

Bon. Et alors ?

Mme LINDE

Krogstad, si, maintenant, nous deux, deux naufragés, nous allions l'un vers l'autre ?

KROGSTAD

Qu'est-ce que vous dites ?

Mme LINDE

Deux sur la même épave, c'est tout de même mieux que chacun sur la sienne.

KROGSTAD

Kristine !

Mme LINDE

Pourquoi croyez-vous que je sois venue ici en ville ?

KROGSTAD

Auriez-vous eu une pensée pour moi ?

Mme LINDE

Il faut que je travaille si je dois accepter de vivre. Tous les jours de ma vie, aussi loin que je me souvienne, j'ai travaillé, et ça a été ma meilleure et ma seule joie. Mais maintenant, me voici tout à fait seule au monde, effroyablement vide et abandonnée. Il n'y a aucune joie à travailler pour soi-même, n'est-ce pas ? Krogstad, donnez-moi quelque chose et quelqu'un pour qui travailler.

KROGSTAD

Je ne vous crois pas. Ce n'est rien d'autre que l'orgueil féminin exalté et ardent à se sacrifier.

Mme LINDE

M'avez-vous jamais connue exaltée ?

KROGSTAD

Alors, vous pensez vraiment ce que vous dites ? Mais dites-moi... Etes-vous parfaitement au courant de mon passé ?

Mme LINDE

Oui.

KROGSTAD

Et vous savez ce que je suis en train de payer ici ?

Mme LINDE

Vous laissiez entendre tout à l'heure qu'avec moi vous auriez pu devenir autre.

KROGSTAD

J'en suis sûr.

Mme LINDE

Est-ce que ça ne pourrait se faire encore ?

KROGSTAD

Kristine... avez-vous bien réfléchi ? Oui, je le vois à votre air. Auriez-vous donc vraiment le courage...

Mme LINDE

J'ai besoin de quelqu'un à qui tenir lieu de mère. Et vos enfants ont besoin d'une mère. Nous avons tous deux besoin l'un de l'autre, Krogstad. J'ai confiance en ce qu'il y a de plus profond en vous... Avec vous, je n'aurai peur de rien.

KROGSTAD
(lui prenant les mains)

Merci, merci, Kristine... Maintenant je saurai me relever aux yeux des autres... Ah ! mais, j'oubliais...

Mme LINDE
(écoutant)

Chut ! la tarentelle ! Allez-vous-en ! Allez-vous-en !

KROGSTAD

Pourquoi ? Qu'est-ce qu'il y a ?

Mme LINDE

Vous entendez cette danse, là-haut ? Quand elle sera finie, ils vont rentrer.

KROGSTAD

Eh bien, je m'en vais. Je n'ai plus rien à faire ici,

n'est-ce pas ? Bien entendu, vous n'êtes pas au courant de la démarche que j'ai faite contre les Helmer ?

Mme LINDE

Si, Krogstad, je suis au courant.

KROGSTAD

Et tout de même, vous auriez le courage de... ?

Mme LINDE

Je comprends bien où le désespoir peut pousser un homme comme vous.

KROGSTAD

Oh ! si je pouvais défaire ce que j'ai fait !

Mme LINDE

Vous le pouvez sûrement. Votre lettre est encore dans la boîte.

KROGSTAD

Vous en êtes sûre ?

Mme LINDE

Absolument sûre. Mais...

KROGSTAD
(la regardant d'un air scrutateur)

Est-ce que c'est là l'explication ? Vous voulez sauver votre amie à tout prix. Dites-le carrément. C'est bien cela ?

Mme LINDE

Krogstad, quand on s'est *une fois* vendue pour l'amour des autres, on ne recommence pas.

KROGSTAD

Je vais redemander ma lettre.

Mme LINDE

Mais non.

KROGSTAD

Si, naturellement. J'attends ici jusqu'à ce que Helmer descende. Je lui dis qu'il doit me redonner ma lettre... qu'il ne s'agit que de mon renvoi... qu'il n'a pas besoin de la lire...

Mme LINDE

Non, Krogstad, vous ne devez pas réclamer cette lettre.

KROGSTAD

Mais dites-moi, en fait, n'est-ce pas pour cela que vous m'avez convoqué ici ?

Mme LINDE

Oui, dans le premier moment d'alarme. Mais maintenant, vingt-quatre heures se sont écoulées et pendant ce temps, j'ai été témoin de choses incroyables, ici, dans cette maison. Helmer doit tout savoir. Ce malheureux secret doit venir au grand jour. Il faut qu'il y ait une explication complète entre eux deux. Assez de toutes ces cachoteries, de toutes ces dérobades !

KROGSTAD

Eh bien soit ! si vous le prenez sur vous... Mais il y a une chose, en tout cas, que je peux faire, et il faut le faire immédiatement...

Mme LINDE
(écoutant)

Dépêchez-vous ! Allez-vous-en ! Allez-vous-en ! La danse est terminée, nous ne sommes plus tranquilles.

KROGSTAD

Je vous attends en bas.

Mme LINDE

Oui, c'est ça. Vous m'accompagnerez jusqu'à ma porte.

KROGSTAD

Jamais encore, je n'ai été aussi incroyablement heureux !
(*Il sort par la porte extérieure. La porte entre le salon et le vestibule reste ouverte*)

Mme LINDE
(débarrassant un peu et préparant son manteau)

Quel tournant ! Oui, quel tournant ! Des êtres humains pour qui travailler... pour qui vivre. Un foyer où apporter le bien-être. Eh bien ! il va falloir vraiment s'y mettre... Et s'ils arrivaient bientôt... (*Ecoutant*) Ah ! les voilà. Mon manteau.

(*Elle prend son manteau et son chapeau. On entend les voix de Helmer et de Nora au-dehors ; une clef tourne et Helmer introduit Nora presque de force. Elle est en costume italien, envoloppée d'un grand châle noir, il est en habit de soirée, un domino noir jeté sur les épaules*)

NORA
(encore à la porte, résistant)

Non, non, non, pas ici ! Je veux remonter. Je ne veux pas me retirer de si tôt.

HELMER

Voyons, Nora chérie...

NORA

Oh ! je t'en prie, Torvald ; je t'en supplie... rien qu'une heure encore !

HELMER

Pas une minute, ma douce Nora. Tu sais qu'il y avait une convention. Allons ! Entre au salon. Ici, tu te refroidis.

(*il la fait entrer dans le salon malgré sa résistance*)

Mme LINDE

Bonsoir.

NORA

Kristine !

HELMER

Quoi, Madame Linde, vous ici, si tard !

Mme LINDE

Oui, excusez-moi. J'avais tellement envie de voir Nora dans son beau costume.

NORA

Tu es restée ici à m'attendre ?

Mme LINDE

Oui, malheureusement, je ne suis pas arrivée assez tôt.

Tu étais déjà là-haut. Et je n'ai pas voulu repartir sans t'avoir vue.

HELMER
(enlevant le châle de Nora)

Eh bien ! Regardez-la bien. Je crois qu'elle vaut la peine d'être regardée. Est-ce qu'elle n'est pas délicieuse, Madame Linde ?

Mme LINDE

Oh si ! il faut le dire...

HELMER

Est-ce qu'elle n'est pas merveilleusement jolie ? C'est aussi ce que tout le monde pensait là-haut. Mais elle est terriblement entêtée... cette douce petite chose. Et qu'est-ce que nous pouvons y faire ? Figurez-vous un peu, il a presque fallu que je l'emmène de force.

NORA

Oh ! Torvald ! Tu vas regretter de ne pas m'avoir accordé ne serait-ce qu'une demi-heure de plus.

HELMER

Vous entendez, Madame. Elle danse sa tarentelle... elle a un succès fou... et bien mérité... bien qu'elle y ait mis, peut-être un peu trop de naturel. Je veux dire... un peu plus qu'il n'est nécessaire dans l'art. Mais passons ! L'essentiel, c'est qu'elle ait eu du succès, un succès formidable ! Devais-je la laisser après cela ? Ça aurait diminué l'effet ! Non, merci ! J'ai pris par le bras ma délicieuse petite fille de Capri... capricieuse petite fille de Capri, pourrais-je dire. Un tour rapide à travers la salle, une courbette par ci, une courbette par là, et... comme on dit dans les romans, la belle vision a disparu. Il faut toujours de l'effet dans les dénouements, Madame Linde. Mais *cela*, il m'est impossible de le faire comprendre à Nora. Ouf ! ce qu'il fait chaud ici ! (*il jette son domino sur une chaise et ouvre la porte de son cabinet*) Comment ? Il fait noir ici. Ah ! c'est vrai ! Excusez-moi ! (*il entre et allume quelques lumières*)

NORA
(chuchote rapidement et hors d'haleine)

Eh bien ?

Mme LINDE
(bas)

Je lui ai parlé.

NORA

Et alors... ?

Mme LINDE

Nora... Il faut tout dire à ton mari.

NORA
(voix sans timbre)

Je le savais.

Mme LINDE

Du côté de Krogstad, tu n'as rien à craindre. Mais il faut que tu parles.

NORA

Je ne parlerai pas.

Mme LINDE

Alors, la lettre parlera pour toi.

NORA

Merci, Kristine. Maintenant, je sais ce qu'il me reste à faire. Chut... !

HELMER
(entrant)

Eh bien ! Madame ! Vous l'avez admirée ?

Mme LINDE

Oui, et maintenant, je vais vous souhaiter bonne nuit.

HELMER

Oh déjà ? C'est à vous, ce tricot ?

Mme LINDE
(le prenant)

Oui, merci, j'allais l'oublier.

HELMER

Alors, comme ça, vous tricotez ?

Mme LINDE

Oh oui !

HELMER

Vous savez, vous devriez faire de la broderie.

Mme LINDE

Ah bon ! Pourquoi ça ?

HELMER

Eh bien ! parce que c'est bien plus joli. Regardez. On

tient la broderie ainsi, de la main gauche, et l'on pousse l'aiguille de la droite — comme ça — en décrivant une longue courbe légère.

Mme LINDE

Oui, c'est bien possible.

HELMER

En revanche, tricoter, ce que ça peut être laid. Voyez : les bras collés au corps... les aiguilles à tricoter qui montent et qui descendent... ça a quelque chose de... chinois. Ah ! c'était vraiment un fameux champagne qu'on nous a servi.

Mme LINDE

Bonne nuit, Nora, et ne sois donc plus entêtée.

HELMER

Bien parlé, Madame Linde !

Mme LINDE

Bonne nuit, Monsieur le Directeur !

HELMER
(l'accompagnant jusqu'à la porte)

Bonne nuit, bonne nuit. J'espère que vous retrouverez votre chemin. Je voudrais bien... mais ce n'est pas loin, n'est-ce pas ? Bonne nuit, Madame, bonne nuit.

(*Elle sort, il referme la porte derrière elle et rentre*)

Parfait ! Nous avons fini par la mettre à la porte. Elle est terriblement ennuyeuse, cette bonne femme-là.

NORA

N'es-tu pas très fatigué, Torvald ?

HELMER

Non, pas le moins du monde.

NORA

Tu n'as pas sommeil non plus ?

HELMER

Pas du tout, au contraire, je me sens formidablement éveillé. Mais toi ? Oui, tu as l'air d'être fatiguée et d'avoir sommeil.

NORA

Oui, moi, je suis très fatiguée. Je vais dormir bientôt.

HELMER

Tu vois bien. Par conséquent, j'avais raison de ne pas vouloir rester davantage.

NORA

Oh ! tu as toujours raison dans tout ce que tu fais.

HELMER
(l'embrassant sur le front)

Voilà que l'alouette parle comme un être humain. Mais as-tu remarqué comme Rank était gai ce soir ?

NORA

Ah bon ? Il était gai ? je n'ai pas eu l'occasion de lui parler.

HELMER

Et moi, presque pas non plus. Mais il y a longtemps

que je ne l'ai vu d'aussi bonne humeur (*il la regarde un moment, puis s'approche*) Hum... C'est tout de même splendide d'être rentré chez soi, d'être tout seul avec toi... Oh ! la ravissante, la délicieuse petite femme que tu es !

NORA

Ne me regarde pas ainsi, Torvald !

HELMER

Je ne regarderais pas mon bien le plus cher ! Ma splendeur à moi, à moi seul, à moi tout entière !

NORA
(passant de l'autre côté de la table)

Ne me parle pas ainsi. Il ne le faut pas cette nuit.

HELMER
(la suivant)

Tu as encore la tarentelle dans le sang, à ce que je vois. Et cela te rend encore plus séduisante. Ecoute ! Les invités commencent à s'en aller. (*plus bas*) Nora... bientôt, tout sera silencieux dans la maison.

NORA

Espérons-le.

HELMER

Oui, n'est-ce pas, ma Nora bien-aimée à moi ? Oh ! tu sais bien... quand je suis dans le monde avec toi, comme ça... sais-tu pourquoi je te parle si peu, pourquoi je me tiens si loin de toi, pourquoi je te jette seulement un coup d'œil à la dérobée, parfois... oui, sais-tu pourquoi ? C'est parce qu'alors, je m'imagine que tu es ma bien-aimée en secret, ma petite fiancée secrète, et que personne ne soupçonne qu'il y a quelque chose entre nous deux.

NORA

Oh ! oui, oui, oui. Je sais bien, va, que toutes tes pensées vont à moi.

HELMER

Et quand nous devons partir et que je pose le châle sur tes jolies épaules pleines de jeunesse... sur cette merveilleuse courbure de ta nuque... alors, je m'imagine que tu es ma toute jeune mariée, que nous venons d'être unis l'un à l'autre, que je te conduis chez moi pour la première fois... que je suis seul, pour la première fois, avec toi... absolument seul avec toi, toi, jeune beauté frémissante ! Toute cette soirée, je n'ai cessé de te désirer. Quand je t'ai vue séduire et provoquer dans la tarentelle... mon sang bouillait, je n'y tenais plus... c'est pour ça que je t'ai enlevée si tôt...

NORA

Va-t'en, Torvald ! Il faut me laisser, je ne veux pas de tout cela.

HELMER

Qu'est-ce que ça signifie ? Tu te moques de moi, petite Nora. Tu ne veux pas ? Est-ce que je ne suis pas ton mari... ?

(*on frappe à la porte d'entrée*)

NORA
(tressaillant)

Tu as entendu... ?

HELMER
(allant vers le vestibule)

Qui est là ?

RANK
(au-dehors)

C'est moi. Puis-je entrer un instant ?

HELMER
(bas, agacé)

Oh ! Qu'est-ce qu'il veut donc, maintenant ? (*haut*) Attends un peu. (*il va ouvrir*) Eh bien ! euh ! c'est gentil de ne pas être passé devant notre porte sans frapper.

RANK

Il m'a semblé entendre ta voix, et j'avais envie d'entrer. (*il jette un coup d'œil autour de lui*) Eh oui ! ces chers lieux bien connus. Tout est tiède et heureux chez vous.

HELMER

Il semble que tu ne te sois pas déplu là-haut non plus.

RANK

Je m'y suis extrêmement plu. Et pourquoi pas ? Pourquoi ne pas jouir de tout ce qu'il y a en ce bas monde ? En tout cas, autant qu'on peut, et aussi longtemps qu'on le peut. Le vin était excellent...

HELMER

Surtout le champagne.

RANK

Toi aussi, tu l'as remarqué ? C'est incroyable ce que j'ai pu en avaler.

NORA

Torvald aussi en a bu beaucoup ce soir.

RANK

Vraiment ?

NORA

Oui. Et cela rend toujours si drôle...

RANK

Bon. Et pourquoi ne pas s'offrir une joyeuse soirée après une journée bien remplie ?

HELMER

Bien remplie ! Hélas, je n'ose pas m'en vanter.

RANK
(lui donnant une tape sur l'épaule)

Mais moi, je m'en vante, vois-tu !

NORA

Docteur Rank, vous avez sûrement étudié un cas scientifique, aujourd'hui.

RANK

Oui, exactement !

HELMER

Tiens ! tiens ! la petite Nora qui parle de cas scientifiques !

NORA

Et dois-je vous féliciter du résultat ?

RANK

Oui, ma foi, vous le pouvez.

NORA

Donc, c'était bien.

RANK

Le mieux possible. A la fois pour le médecin et pour le patient... La certitude.

NORA
(vite et inquisitrice)

La certitude ?

RANK

La certitude absolue. Sinon, je ne me serais pas accordé une si joyeuse soirée.

NORA

Vous avez eu raison, docteur Rank.

HELMER

C'est également mon avis, pour peu que tu n'aies pas à en souffrir demain.

RANK

Hé ! on n'a rien pour rien en cette vie.

NORA

Docteur Rank... vous aimez certainement beaucoup les mascarades ?

RANK

Oui, quand il y a pas mal de déguisements grotesques...

NORA

Voyons. Comment nous déguiserons-nous, tous les deux, à la prochaine mascarade ?

HELMER

Petite folle... Tu penses déjà à la prochaine ?

RANK

Nous deux ? Eh bien, je vais vous le dire. Vous, vous serez l'enfant porte-bonheur...

HELMER

Oui, mais va donc trouver le costume !

RANK

Laisse ta femme se présenter telle qu'elle est, telle que nous la voyons chaque jour...

HELMER

Vraiment, c'est parfaitement dit. Mais toi, sais-tu comment tu seras ?

RANK

Oh, mon cher ami, je suis parfaitement fixé là-dessus.

HELMER

Eh bien ! dis-le !

RANK

A la prochaine mascarade, je serai l'homme invisible.

HELMER

En voilà une idée farfelue !

RANK

Il y a un grand chapeau noir... Tu n'as pas entendu parler du chapeau qui rend invisible ? On se le met sur la tête et hop ! plus personne ne vous voit.

HELMER
(avec un sourire contenu)

Oui, je vois.

RANK

Mais j'ai tout simplement oublié pourquoi je venais. Helmer, donne-moi un cigare, un de tes Havane noirs.

HELMER

Avec le plus grand plaisir. (*il lui présente l'étui*)

RANK
(en prend un et coupe le bout)

Merci.

NORA
(frottant une allumette)

Permettez-moi de vous donner du feu.

RANK

Merci bien ! (*elle approche l'allumette, il allume*) Et maintenant, adieu !

HELMER

Adieu, adieu, cher ami !

NORA

Dormez bien, Docteur Rank.

RANK

Merci de ce souhait.

NORA

Souhaitez-moi la même chose.

RANK

A vous ? Eh bien ! bon ! si vous le voulez... Dormez bien, et merci pour le feu. (*il leur fait un signe à tous deux et s'en va*)

HELMER
(contenu)

Il avait pas mal bu.

NORA
(absente)

Peut-être bien.
(*Helmer sort de sa poche son trousseau de clefs et se rend dans le vestibule*)

NORA

Torvald, que fais-tu ?

HELMER

Je vais vider la boîte aux lettres. Elle est toute pleine. Il n'y aura plus de place pour les journaux demain matin.

NORA

Tu veux travailler cette nuit ?

HELMER

Tu sais bien que non... Oh ! ça alors ! Quelqu'un a touché à la serrure ?

NORA

A la serrure ?

HELMER

Oui, c'est ça. Qu'est-ce que ça veut dire ? Je n'aurais jamais cru, pourtant, que les bonnes... Tiens, voici une épingle à cheveux cassée. Mais, Nora, c'est à toi... !

NORA
(vite)

Ce sont peut-être les enfants...

HELMER

Tu devrais vraiment leur ôter cette habitude. Hum, Hum... Bien, je l'ai ouverte tout de même. (*sort le contenu et crie* :) Hélène ? Hélène ! éteignez la lampe de l'entrée. (*Il rentre dans le salon et ferme la porte de l'entrée*)

HELMER
(les lettres à la main)

Regarde ! comme il y en a ! (*Il feuillette*) Qu'est-ce que c'est que ça ?

NORA
(à la fenêtre)

La lettre ! Oh non, non, Torvald !

HELMER

Deux cartes de visite... de Rank !

NORA

Du Docteur Rank ?

HELMER
(les regardant)

Rank, Docteur en médecine. Elles étaient sur le dessus. Il a dû les glisser en sortant.

NORA

Est-ce qu'il y a quelque chose d'écrit ?

HELMER

Il y a une croix noire au-dessus du nom. Tiens. C'est tout de même une plaisanterie désagréable. C'est comme s'il faisait part de son propre décès, on dirait.

NORA

C'est bien cela aussi.

HELMER

Quoi ? Que sais-tu ? T'a-t-il dit quelque chose ?

NORA

Oui. Puisque ces cartes sont là, c'est qu'il a pris congé de nous. Il va s'enfermer et mourir.

HELMER

Mon pauvre ami. Je savais bien que je ne le garderais pas longtemps. Mais si tôt que cela... Et puis, il s'en va se cacher comme une bête blessée.

NORA

Quand cela doit arriver, le mieux est que ça se passe sans paroles. Pas vrai, Torvald ?

HELMER
(faisant les cent pas)

Il faisait partie de la famille. Je ne parviens pas à me l'imaginer disparu. Avec ses souffrances et son humeur solitaire, il faisait pour ainsi dire un arrière-plan d'ombre à notre bonheur ensoleillé... Enfin, c'est peut-être mieux ainsi. Pour lui, en tout cas. (*Il s'arrête*) Et pour nous aussi, peut-être, Nora. Maintenant, nous voici tous les deux voués l'un à l'autre. (*Il la prend dans ses bras*) Oh ! ma femme bien-aimée, il me semble que je ne te serrerai jamais assez fort. Tu sais, Nora... souvent, je te voudrais menacée d'un danger, un danger tel que je puisse risquer ma vie, mon sang, tout, pour toi.

NORA
(se libérant, d'une voix ferme et résolue)

Maintenant, lis tes lettres, Torvald.

HELMER

Non, non, pas cette nuit. Je veux rester avec toi, ma femme bien-aimée.

NORA

Avec la pensée de la mort de ton ami ?

HELMER

Tu as raison. Cela nous a secoués tous les deux. La laideur s'est glissée entre nous. La pensée de la mort et de la dissolution. Il faut que nous cherchions à nous en délivrer. Jusque-là... nous allons nous retirer chacun chez soi.

NORA
(se jetant à son cou)

Bonne nuit, Torvald, bonne nuit !

HELMER
(l'embrassant sur le front)

Bonne nuit, mon petit oiseau chanteur. Dors bien, Nora. Je vais lire ces lettres. (*Il entre dans son cabinet avec le paquet et referme la porte derrière lui*)

NORA

(*Les yeux égarés, tâtonnant alentour, saisit le domino de Helmer, s'en enveloppe et dit rapidement, d'une voix rauque et saccadée*) Ne plus jamais le revoir. Jamais, jamais, jamais. (*Se jette son châle sur la tête*) Ne plus jamais revoir les enfants non plus. Eux non plus. Jamais. Jamais... Oh ! cette eau noire et glacée. Oh ! l'abîme sans fond... Ce... Oh ! si seulement c'était fini... Maintenant, il la prend. Maintenant, il la lit. Oh non ! Pas encore ! Torvald, adieu, toi et les enfants. (*Elle veut se précipiter vers l'entrée. Au même instant, Helmer ouvre sa porte à toute volée et paraît, une lettre dépliée à la main*)

HELMER

Nora !

NORA
(avec un cri aigu)

Ah... !

HELMER

Qu'est-ce que c'est ? Sais-tu ce qu'il y a dans cette lettre ?

NORA

Oui, je le sais. Laisse-moi m'en aller ! Laisse-moi partir !

HELMER
(la retenant)

Où vas-tu ?

NORA
(essayant de se dégager)

Tu ne me sauveras pas, Torvald !

HELMER
(reculant)

C'est donc vrai ! C'est vrai, ce qu'il écrit ? Horreur ! Non, non, c'est impossible, ça ne peut pas être vrai.

NORA

C'*est* vrai. Je t'ai aimé plus que tout au monde.

HELMER

Oh ! ne cherche pas à t'en sortir par des niaiseries.

NORA
(un pas vers lui)

Torvald... !

HELMER

Malheureuse... qu'est-ce que tu as fait là !

NORA

Laisse-moi m'en aller. Tu ne porteras pas le poids de ma faute. Tu ne dois pas te charger de cela.

HELMER

Pas de comédie. (*Il verrouille la porte d'entrée*) Tu vas rester ici, tu vas me rendre des comptes. Comprends-tu ce que tu as fait ? Réponds-moi ! Comprends-tu ?

NORA
(le regarde, absente, et dit d'un ton roide)

Oui, maintenant, je commence à comprendre.

HELMER
(circulant par la pièce)

Oh ! l'épouvantable réveil ! Pendant ces huit années... Elle qui était ma joie et ma fierté... une hypocrite, une menteuse... pire, pire... une malfaiteuse ! Oh ! quel abîme ! quelle laideur que tout cela ! Pouah !

NORA
(se tait et continue à le regarder d'un air absent)

HELMER
(s'arrête devant elle)

J'aurais dû me douter que quelque chose de ce genre arriverait. J'aurais dû le prévoir. Avec la légèreté des principes de ton père... Tais-toi ! et de ces principes, tu as hérité. Pas de religion, pas de morale, pas de sens du devoir... Oh ! comme j'ai été puni d'avoir jeté un voile sur sa conduite. C'est pour toi que je l'ai fait. Et voilà comment tu me récompenses.

NORA

Oui, voilà.

HELMER

Maintenant, tu as détruit tout mon bonheur. Tu as anéanti tout mon avenir. Oh ! c'est épouvantable d'y penser. Je suis à la merci d'un être sans scrupules. Il peut faire de moi ce qu'il veut, exiger de moi ce qu'on voudra, ordonner, commander comme il lui plaira sans que j'ose souffler mot. Ainsi, je peux être coulé lamentablement, coulé à pic à cause d'une femme écervelée.

NORA

Quand j'aurai quitté ce monde, tu seras libre.

HELMER

Oh ! pas de simagrées. Ton père aussi manipulait des expressions de ce genre. A quoi me servirait-il que tu quittes ce monde, comme tu dis ? Ça ne servirait strictement à rien. Il peut tout de même ébruiter la chose. Et s'il le fait, je serai peut-être soupçonné d'avoir été complice de ton acte criminel. On croira peut-être que je me tenais derrière... que c'est moi qui t'ai encouragée ! Et c'est à toi que je dois tout cela, à toi que j'ai portée dans mes bras d'un bout à l'autre de notre vie commune. Comprends-tu maintenant ce que tu as fait ?

NORA
(d'un calme glacé)

Oui.

HELMER

C'est tellement incroyable que je n'arrive pas à m'y faire. Mais il faut redresser tout cela. Enlève ce châle. Enlève-le, je dis ! Il faut que je lui donne satisfaction d'une manière ou d'une autre. Il s'agit d'étouffer cette affaire à tout prix. En ce qui nous concerne, toi et moi, tout doit paraître inchangé entre nous. Mais naturellement, seulement aux yeux du monde. Par conséquent, tu resteras ici, cela va de soi. Mais les enfants, il te sera interdit de les élever, je n'ose pas te les confier... Oh ! lui dire tout cela, à elle que j'ai tant aimée et que maintenant encore... Allons ! il faut en finir. Désormais, il n'est plus question de bonheur. Il s'agit uniquement de sauver les restes, des débris, l'apparence.

(*On sonne dans l'entrée*)

HELMER
(sursautant)

Qu'est-ce que c'est ? Si tard. Serait-ce déjà l'horreur... ! Est-ce qu'il... Cache-toi, Nora ! Dis que tu es malade. (*Nora reste debout, immobile. Helmer va ouvrir la porte de l'entrée*)

La bonne
(à demi vêtue, dans l'entrée)

C'est une lettre pour Madame.

HELMER

Donne-moi ça. (*Il saisit la lettre et ferme la porte*) Oui, c'est de lui. Tu ne l'auras pas, je veux la lire, moi-même.

NORA

Eh bien, lis !

HELMER
(près de la lampe)

Je n'en ai guère le courage. Peut-être sommes-nous

perdus, toi et moi. Non, il *faut* que je sache. (*Il décachète rapidement la lettre, parcourt quelques lignes, regarde un papier joint à la lettre. Un cri de joie*) : Nora !

(*Nora le regarde d'un air interrogateur*)

HELMER

Nora... ! Non, il faut que je lise encore une fois... Si ! si, c'est bien ça. Je suis sauvé ! Nora, je suis sauvé !

NORA

Et moi ?

HELMER

Toi aussi, bien entendu. Nous sommes sauvés tous les deux, toi et moi. Regarde ! Il te renvoie ton reçu. Il écrit qu'il se repent, qu'il regrette... qu'un heureux événement dans sa vie... Oh ! peu importe ce qu'il écrit. Nous sommes sauvés, Nora ! Personne ne peut plus te nuire. Oh ! Nora, Nora... Non, détruisons d'abord toutes ces horreurs. Voyons... (*Il jette un coup d'œil sur le reçu*) Non, je ne veux pas voir ça, tout ça n'aura été qu'un mauvais rêve. (*Il déchire le reçu et les deux lettres, jette le tout dans le poêle et regarde brûler*). Voilà, maintenant, cela n'existe plus... Il disait que depuis la veille de Noël, tu... Oh ! ça a dû être trois jours effroyables pour toi, Nora.

NORA

J'ai livré un rude combat pendant ces trois jours.

HELMER

Et tu t'es désespérée, ne voyant pas d'autre issue que... Non. Nous ne garderons aucun souvenir de ces horreurs. Nous allons nous réjouir et répéter sans cesse : c'est fini, c'est fini ! Ecoute-moi donc, Nora, tu ne sembles pas comprendre : c'est fini. Qu'est-ce qu'il y a donc... cet air compassé ? Oh ! ma pauvre petite Nora, je comprends bien. Tu sembles ne pas croire que je t'ai pardonné. Mais je t'ai pardonné, Nora, je te le jure, je t'ai tout pardonné. Je sais bien que ce que tu as fait, tu l'as fait par amour pour moi.

NORA

C'est vrai.

HELMER

Tu m'as aimé comme une femme doit aimer son mari. C'est seulement le choix des moyens qui t'a échappé. Mais crois-tu que tu me sois moins chère parce que tu ne sais pas te conduire toute seule ? Non, non. Repose-toi sur moi. Je te conseillerai ; je te guiderai. Je ne serais pas un homme si tes faiblesses féminines ne te rendaient d'autant plus séduisante. Ne tiens pas compte des dures paroles que je t'ai dites dans mon premier désarroi, quand il me semblait que tout allait s'effondrer sous moi. Je t'ai pardonné, Nora, je te jure que je t'ai pardonné.

NORA

Je te remercie de ton pardon. (*Elle sort par la porte de droite*)

HELMER

Non, reste... (*Il la suit des yeux*) Que vas-tu faire dans la chambre ?

NORA
(dans sa chambre)

Enlever mon costume de mascarade.

HELMER

(près de la porte restée ouverte)

Oui, c'est ça, fais ce qu'il faut pour retrouver le calme et rassembler tes esprits, pour reprendre ton équilibre, mon petit oiseau chanteur effarouché. Repose-toi en confiance. J'ai de larges ailes pour te protéger. (*Marchant à proximité de la porte*) Oh ! comme notre foyer est tiède et charmant, Nora. Ici, tu es à l'abri. Je vais te garder, comme une colombe pourchassée que je suis parvenu à tirer intacte des serres du vautour. Je saurai apaiser ton pauvre cœur qui bat. Cela se fera peu à peu, Nora, crois-moi. Demain, tout cela t'apparaîtra sous un autre jour. Bientôt, tout sera comme avant, je n'aurai plus besoin de te redire que je t'ai pardonné. Tu le sentiras bien toi-même. Comment peux-tu penser que j'aie pu vouloir te rejeter ou même te faire des reproches. Oh ! tu ne sais pas vraiment ce qu'est un cœur d'homme, Nora. C'est pour un homme une telle douceur, une si grande satisfaction que d'avoir pardonné à sa femme du fond du cœur... de lui avoir pardonné d'un cœur entier et sincère. Ainsi, elle lui appartient doublement, en quelque sorte : il l'a, pour ainsi dire, remise au monde, elle est devenue, d'une certaine façon, à la fois son épouse et son enfant. C'est ce que tu seras pour moi désormais, petit être farouche et désemparé. Ne t'inquiète de rien, Nora. Sois seulement franche envers moi, et moi, je serai à la fois ta volonté et ta conscience... Mais qu'est-ce qu'il y a ? Tu ne te couches pas ? Tu t'es rhabillée ?

NORA

(qui a remis sa robe de tous les jours)

Oui, Torvald, je me suis rhabillée.

HELMER

Mais pourquoi, maintenant, si tard... ?

NORA

Cette nuit, je ne dormirai pas.

HELMER

Mais, Nora chérie...

NORA
(regardant sa montre)

Il n'est pas si tard encore. Assois-toi, Torvald. Nous avons beaucoup à nous dire, toi et moi. (*Elle s'assoit à l'un des bouts de la table.*)

HELMER

Nora... qu'est-ce que ça signifie ? cette mine compassée...

NORA

Assois-toi. Ce sera long. J'ai beaucoup de choses à te dire.

HELMER
(s'asseyant en face d'elle)

Tu m'inquiètes, Nora. Et je ne te comprends pas.

NORA

Précisément. Tu ne me comprends pas. Et moi non plus, je ne t'ai jamais compris... avant ce soir. Non, ne m'interromps pas. Ecoute ce que je te dis... Nous avons des comptes à régler, Torvald.

HELMER

Comment veux-tu dire ?

NORA
(après un court silence)

Est-ce qu'il n'y a pas *une* chose qui te frappe, assis comme nous le sommes, ici, l'un en face de l'autre ?

HELMER

Que veux-tu dire ?

NORA

Il y a maintenant huit ans que nous sommes mariés. Est-ce qu'il ne te vient pas à l'idée que c'est la première fois que nous deux, toi et moi, mari et femme, nous parlons sérieusement ensemble ?

HELMER

Sérieusement, oui... qu'est-ce que cela veut dire ?

NORA

Pendant huit longues années... et même davantage... depuis le premier jour où nous avons fait connaissance, nous n'avons jamais échangé un propos sérieux sur un sujet sérieux.

HELMER

Aurais-je donc dû constamment t'initier à des soucis que tu n'aurais tout de même pas pu m'aider à porter ?

NORA

Je ne parle pas de soucis. Je te dis que nous ne nous sommes jamais trouvés sérieusement ensemble pour chercher à aller au fond de quoi que ce soit.

HELMER

Mais, bien chère Nora, est-ce que ç'aurait été une occupation pour toi ?

NORA

Nous y voici. Tu ne m'as jamais comprise... On m'a fait grand tort, Torvald. D'abord papa, puis toi.

HELMER

Quoi ! Nous deux... nous deux, qui t'avons le plus aimée ?

NORA
(secouant la tête)

Vous ne m'avez jamais aimée. Il vous a paru agréable d'être en adoration devant moi, voilà tout.

HELMER

Mais, Nora, qu'est-ce que c'est que ces propos ?

NORA

Oui, c'est ainsi, Torvald. Quand j'étais chez papa, il me faisait part de toutes ses opinions, et donc je les partageais. Et si j'en avais d'autres, je les cachais parce que ça ne lui aurait pas plu. Il m'appelait sa petite poupée et il jouait avec moi comme je jouais avec mes poupées. Puis je suis venue dans ta maison.

HELMER

Tu as de curieuses expressions pour parler de notre mariage.

NORA
(imperturbable)

Je veux dire que je suis passée des mains de papa dans les tiennes. Tu as tout arrangé à ton goût, et donc j'ai eu le même goût que toi ; ou bien j'ai fait semblant ; je ne sais pas au juste... je crois que c'était l'un et l'autre ; tantôt l'un, tantôt l'autre. Quand je considère cela maintenant, il me semble que j'ai vécu ici comme un pauvre être... au jour le jour uniquement. J'ai vécu des pirouettes que je faisais pour toi, Torvald. Mais c'était ce que tu voulais, n'est-ce pas ? Toi et papa, vous avez commis un gros péché contre moi. Si je suis une bonne à rien, c'est vous qui en êtes coupables.

HELMER

Nora, tu es absurde et ingrate ! N'as-tu pas été heureuse, ici ?

NORA

Non, je ne l'ai jamais été. Je l'ai cru. Mais je ne l'ai jamais été.

HELMER

Tu n'as pas été heureuse !

NORA

Non. J'ai été joyeuse, voilà tout. Et tu as toujours été si gentil pour moi. Notre foyer n'a jamais été rien d'autre qu'une salle de récréation. Ici, j'ai été ton épouse-poupée, tout comme à la maison, j'étais l'enfant-poupée de papa. Et mes enfants, à leur tour, ont été mes poupées. Je trouvais divertissant que tu te mettes à jouer avec moi, tout comme ils trouvent divertissant que je me mette à jouer avec eux. Voilà ce qu'a été notre mariage, Torvald.

HELMER

Il y a quelque chose de vrai dans ce que tu dis... tout exagéré et outré que ce soit. Mais dorénavant, cela changera. Le temps de la récréation est passé, voici maintenant le temps de l'éducation.

NORA

L'éducation de qui ? La mienne ou celle des enfants ?

HELMER

L'une et l'autre, ma Nora bien-aimée.

NORA

Hélas ! Torvald, tu n'es pas homme à m'élever pour faire de moi l'épouse qu'il te faut.

HELMER

Et c'est toi qui dis cela ?

NORA

Et moi... comment suis-je préparée à élever des enfants ?

HELMER

Nora !

NORA

Ne l'as-tu pas dit toi-même il y a un moment... cette mission, tu n'oses pas me la confier.

HELMER

C'était dans un instant d'irritation. Faut-il que tu en tiennes compte maintenant ?

NORA

Si, c'était fort bien dit de ta part. C'est une tâche au-dessus de mes forces. Il y en a une autre qu'il faut accomplir d'abord. Il faut que je veille à m'éduquer moi-même. Et cela, tu n'es pas homme à m'y aider. Il faut que je sois seule pour le faire. Et voilà pourquoi, maintenant, je vais te quitter.

HELMER
(se levant d'un bond)

Qu'est-ce que tu as dit ?

NORA

Il faut que je reste absolument seule si je veux voir clair en moi et en tout ce qui m'entoure. Voilà pourquoi je ne peux pas rester plus longtemps chez toi.

HELMER

Nora, Nora !

NORA

Je veux m'en aller d'ici tout de suite. Kristine m'accueillera sûrement pour cette nuit.

HELMER

Tu es folle... ! Tu n'as pas le droit ! Je te l'interdis.

NORA

Il ne sert à rien de m'interdire quoi que ce soit désormais. J'emporte ce qui m'appartient. De toi, je ne veux rien, ni maintenant, ni plus tard.

HELMER

Mais quelle aberration que tout cela !

NORA

Demain, je m'en vais chez moi... je veux dire, dans mon ancienne maison. C'est là qu'il me sera le plus facile de trouver à vivre.

HELMER

Pauvre aveugle, sans expérience.

NORA

Il faut que je veille à *acquérir* de l'expérience, Torvald.

HELMER

Abandonner ton foyer, ton mari et tes enfants. Et tu ne penses pas à ce que les gens vont dire !

NORA

De ça, je ne m'occupe absolument pas. Je sais seulement que, pour moi, c'est indispensable.

HELMER

Oh ! c'est révoltant. Peux-tu trahir ainsi tes devoirs les plus sacrés !

NORA

Que tiens-tu donc pour mes devoirs les plus sacrés ?

HELMER

Ai-je vraiment besoin de te le dire ? Est-ce que ce ne sont pas tes devoirs envers ton mari et tes enfants ?

NORA

J'ai d'autres devoirs tout aussi sacrés.

HELMER

Non, tu n'en as pas. Quels seraient ces devoirs ?

NORA

Mes devoirs envers moi-même.

HELMER

Tu es d'abord et avant tout épouse et mère.

NORA

Cela, je ne le crois plus. Je crois que je suis d'abord et avant tout un être humain, au même titre que toi... ou, en tout cas, que je dois essayer de le devenir. Je sais bien que la plupart te donneront raison, Torvald, et que l'on trouve des choses de ce genre dans les livres. Mais je ne peux plus me contenter de ce que les gens disent et de ce qu'il y a dans les livres. Il faut que je réfléchisse moi-même à ces choses et tâche de voir clair en elles.

HELMER

Quoi ! Tu ne verrais pas clair dans ta situation ici, dans ton propre foyer ? Pour des questions de ce genre, n'as-tu pas un guide infaillible ? N'as-tu pas la religion ?

NORA

Hélas, Torvald, le fait est que je ne sais pas au juste ce qu'est la religion.

HELMER

Qu'est-ce que tu dis là ?

NORA

Je ne sais pas ce que le pasteur Hansen disait quand j'ai fait ma confirmation. Il faisait valoir que la religion était *ceci* et *cela*. Quand j'aurai quitté tout ça ici et que je serai seule, j'examinerai cette question comme les autres. Je verrai si ce que le pasteur Hansen disait est exact ou, en tout cas, si c'est exact pour *moi*.

HELMER

Oh ! entendre une jeune femme dire des choses

pareilles, c'est tout de même inouï. Mais si la religion ne peut te mettre sur le droit chemin, laisse-moi tout de même sonder ta conscience. Car tu as tout de même un sens moral ? Ou bien, réponds-moi... tu n'en as pas, peut-être ?

NORA

Vois-tu, Torvald, ce n'est pas facile de répondre. En fait, je ne sais pas, tout simplement. Je suis complètement perdue dans tout cela. Je sais seulement que j'ai sur ces choses-là une tout autre opinion que toi. J'apprends aussi que les lois ne sont pas ce que je croyais. Mais que les lois soient justes, je n'arrive pas à me mettre cela dans la tête. Ainsi, une femme n'aurait pas le droit d'épargner son vieux père mourant ou de sauver la vie de son mari ! Des choses comme cela, je n'y crois pas.

HELMER

Tu parles comme une enfant. Tu ne comprends rien à la société dans laquelle tu vis.

NORA

Non, je n'y comprends rien. Mais je vais m'y mettre à présent. Il faut que j'arrive à décider qui a raison, de la société ou de moi.

HELMER

Tu es malade, Nora. Tu as la fièvre. Pour un peu, je croirais que tu as perdu la raison.

NORA

Je ne me suis jamais sentie aussi lucide et sûre de moi que cette nuit.

HELMER

Et c'est dans cette lucidité et cette assurance que tu abandonnes ton mari et tes enfants ?

NORA

Oui, en effet.

HELMER

Alors, il n'y a qu'*une* explication possible.

NORA

Laquelle ?

HELMER

Tu ne m'aimes plus.

NORA

Oui, c'est exactement cela.

HELMER

Nora... et tu oses le dire ?

NORA

Oh ! ça me fait si mal, Torvald. Parce que tu as toujours été si gentil pour moi. Mais je ne peux rien y faire. Je ne t'aime plus.

HELMER
(essayant de rester calme)

Et cela aussi, c'est une conviction lucide et assurée ?

NORA

Oui, parfaitement lucide et assurée. C'est pour cela que je ne veux plus demeurer ici.

HELMER

Et peux-tu m'expliquer comment j'ai perdu ton amour ?

NORA

Certainement. C'est ce soir, quand le miracle n'est pas venu. J'ai vu alors que tu n'étais pas l'homme que j'avais imaginé.

HELMER

Explique-toi plus précisément, je ne te comprends pas.

NORA

J'ai attendu patiemment huit ans durant. Mon Dieu ! je savais bien que le miracle n'arrive pas ainsi, chaque jour. Et puis, cette menace a éclaté au-dessus de moi. Et alors, j'ai eu une certitude absolue : maintenant, le miracle va venir. Pendant que la lettre de Krogstad était là, dans la boîte, il ne m'est pas venu à l'idée un seul instant que tu pourrais te plier aux conditions de cet homme. J'étais tellement certaine que tu lui dirais : faites connaître cette affaire au monde entier. Et quand cela aurait eu lieu...

HELMER

Oui et alors ? Quand j'aurais livré ma propre femme à la honte et au scandale...

NORA

Quand cela aurait eu lieu, je pensais avec une certitude absolue que tu t'avancerais, te chargerais de tout et dirais : c'est moi, le coupable.

HELMER

Nora... !

NORA

Tu veux dire que je n'aurais jamais accepté un tel

sacrifice ? Non, cela va de soi. Mais qu'auraient valu mes assurances auprès des tiennes ?... *Voilà* le miracle que j'attendais dans la crainte. Et c'est pour empêcher *cela* que je voulais mettre fin à mes jours.

HELMER

J'aurais travaillé avec joie nuit et jour pour toi, Nora... j'aurais tout supporté, privations et soucis, pour l'amour de toi. Mais il n'existe personne qui sacrifie son *honneur* pour l'être qu'il aime.

NORA

C'est ce que des centaines de milliers de femmes ont fait.

HELMER

Oh ! tu penses et tu parles comme une enfant qui ne comprend rien.

NORA

Soit. Mais toi, tu ne penses pas, tu ne parles pas comme l'homme que je pourrais suivre. Quand ton épouvante a été passée... épouvante, non pour ce qui me menaçait, *moi*, mais pour ce à quoi tu étais toi-même exposé, et quand tout le danger a été passé... alors, tu as tout oublié. Je suis redevenue ta petite alouette, ta poupée que, désormais, tu porterais deux fois plus prudemment dans tes bras, puisqu'elle était si fragile et délicate. (*Se levant*) Torvald... à ce moment, l'idée s'est imposée à moi que, pendant huit ans, j'avais vécu ici avec un étranger et que j'avais eu trois enfants... Oh ! je ne supporte pas d'y penser ! Je pourrais me mettre en mille morceaux.

HELMER
(accablé)

Je vois ; je vois. Un abîme, assurément, s'est creusé entre nous... Mais, Nora, ne pourrait-on le combler ?

NORA

Telle que je suis maintenant, je ne suis pas une épouse pour toi.

HELMER

J'ai la force de devenir un autre.

NORA

Peut-être... si on t'enlève ta poupée.

HELMER

Me séparer... me séparer de toi ! Non, non, Nora, je ne peux me faire à cette idée.

NORA

(entrant à droite)

Raison de plus pour en finir. (*Elle revient avec son manteau et un petit sac de voyage qu'elle pose sur la chaise près de la table.*)

HELMER

Nora, Nora, pas encore ! Attends demain.

NORA

(mettant son manteau)

Je ne peux pas passer cette nuit sous le toit d'un étranger.

HELMER

Mais alors, ne pouvons-nous continuer de vivre ensemble comme frère et sœur... ?

NORA

(mettant son chapeau)

Tu sais très bien que ça ne durerait pas longtemps...

(*S'enveloppant de son châle*) Adieu, Torvald. Je ne veux pas voir les petits. Je sais qu'ils sont en de meilleures mains que les miennes. Telle que je suis maintenant, je ne peux pas être une mère pour eux.

HELMER

Mais un jour, Nora... un jour ?

NORA

Comment puis-je le savoir ? Je ne sais absolument pas ce que je deviendrai.

HELMER

Mais tu es ma femme, à la fois telle que tu es et telle que tu deviendras.

NORA

Ecoute, Torvald... Quand une femme quitte le domicile conjugal, ainsi que je le fais maintenant, j'ai entendu dire que, selon la loi, le mari est relevé de toutes ses obligations envers elle. Moi, en tout cas, je t'en tiens quitte. Tu ne dois te sentir lié à rien, si peu que ce soit, tout comme moi. Il faut qu'il y ait liberté entière de part et d'autre. Tiens, je te rends ton alliance. Rends-moi la mienne.

HELMER

Cela aussi ?

NORA

Cela aussi !

HELMER

La voici.

NORA

Merci. Maintenant, donc, tout est fini. Je pose les clefs ici. Pour ce qui est de la maison, les bonnes sont au courant de tout, mieux que moi. Demain, quand je serai partie, Kristine viendra ici emballer les affaires qui m'appartiennent et qui viennent de chez nous. Je me les ferai expédier.

HELMER

Fini ! fini ! Nora, tu ne penseras jamais plus à moi ?

NORA

Je penserai sûrement souvent à toi et aux enfants et à la maison.

HELMER

Puis-je t'écrire, Nora ?

NORA

Non... Jamais. Je te le défends.

HELMER

Oh ! mais je pourrai tout de même t'envoyer...

NORA

Rien. Rien.

HELMER

T'aider, si tu en avais besoin.

NORA

Non, dis-je. Je n'accepte rien des étrangers.

HELMER

Nora... ne serai-je jamais plus pour toi qu'un étranger ?

NORA
(prenant son sac de voyage)

Ah ! Torvald, il faudrait alors que le miracle suprême se produise...

HELMER

Nomme-le-moi, ce miracle suprême.

NORA

Alors, il faudrait que toi et moi nous nous transformions de telle sorte que... Oh ! Torvald ! Je ne crois plus à aucun miracle.

HELMER

Mais moi, je veux y croire ! Nomme-le ! Nous transformer de telle sorte que...

NORA

Que notre vie commune devienne un vrai mariage. Adieu !

(Elle sort par le vestibule)

HELMER
(s'effondre sur une chaise près de la porte et se couvre le visage de ses deux mains)

Nora ! Nora ! (*regarde autour de lui et se lève*) Vide ! Elle est partie ! (*Un espoir perce en lui*) Le miracle suprême... ? (*D'en bas, on entend le fracas d'un portail qui se referme*).

DOSSIER

Une maison de poupée. Drame en trois actes (*Et dukkehjem. Skuespil i tre akter*) est une pièce publiée en décembre 1879 chez un éditeur danois : le succès est immédiat et, dès la première année, on la réédite à trois reprises. Les traductions à travers l'Europe s'accumulent rapidement : en allemand et en anglais dès 1880, en français par le comte Prozor[1] en 1889. Dès le 21 décembre 1879, la pièce est jouée sur la scène du Théâtre royal de Copenhague, puis à travers la Scandinavie et dans plusieurs villes allemandes. En France, elle est créée au théâtre du Vaudeville le 20 avril 1894, avec Réjane[2] dans le rôle de Nora.

Si le vif intérêt des metteurs en scène, des comédiens et des critiques pour cette pièce ne s'est jamais vraiment démenti, elle a eu un écho particulier chez les féministes dans les années 1960-1970, qui ont attiré à elle l'attention de cinéastes. Cinq adaptations filmiques en sont proposées entre 1969 et 1973[3]. Ce succès a deux raisons majeures.

---

1. Le comte Maurice Prozor (1849-1928) était un diplomate russe, marié à une Suédoise. Secrétaire d'ambassade à Stockholm, il se prend de passion pour le théâtre d'Ibsen et en entreprend la traduction pour le compte de l'éditeur parisien Savine. Ibsen le reconnut pour son représentant en France en avril 1890.
2. La comédienne Réjane avait triomphé l'année précédente dans le rôle titre comique de *Madame Sans-Gêne* de Victorien Sardou, mais également dans *La Parisienne* d'Henry Becque, montrant l'infléchissement de sa carrière vers le théâtre naturaliste et des rôles de femmes fortes, indépendantes, revendiquant une certaine liberté d'action et d'expression.
3. On citera tout particulièrement : en 1973, deux films, l'un britannique (Patrick Garland en est le réalisateur), l'autre franco-britannique (sous la direction de Joseph Losey, avec Jane Fonda et Delphine Seyrig dans les rôles de Nora et de Christine), qui témoignent de l'attrait

D'une part, la pièce est efficace, tout en étant résolument « moderne » ou plutôt « actuelle ». Efficace, car elle s'inscrit dans la lignée des « pièces bien faites » de Scribe ou d'Augier, très en vogue en Scandinavie lorsque Ibsen la compose et dont elle confirme la pertinence des critères au vu des attentes du temps. Actuelle, car, s'ouvrant sur une scène d'intérieur, elle présente un drame à la fois réaliste et intime. À cet égard, il n'est pas insignifiant que l'année 1879 soit aussi celle de la publication par Zola de l'article « Le roman expérimental » (octobre), sorte de manifeste du naturalisme[1]. *Une maison de poupée* se détache de la veine symboliste qui a pu gêner le passage à la postérité d'autres pièces de l'auteur, comme *Brand* ou *Les Revenants*, qui sont à plus forte connotation mystique. Après avoir écrit des pièces plutôt inspirées par la culture nationale (*Peer Gynt*), Ibsen a en effet amorcé, deux ans avant *Une maison de poupée*, un infléchissement vers un théâtre social, en mettant en cause, avec *Les Soutiens de la société* (1877), l'hypocrisie des notables et des tenants de l'autorité dans une petite ville côtière, peinture à charge d'un cercle fermé et sclérosant, fondé sur le mensonge.

D'autre part, la lecture de la pièce, l'interprétation que l'on peut en tirer, n'est pas verrouillée : *Une maison de poupée* propose une réflexion sur l'asservissement consenti aux autres – par habitude, lassitude ou crainte –, sur la contrainte et la servitude sociales – notamment au regard d'autrui et à la rumeur ; elle soulève des problèmes, ouvre des questions, mais n'impose pas de

---

qu'exerce la pièce d'Ibsen dans les débats féministes et les questions de société ; en 1974, en Allemagne, un téléfilm de Fassbinder, sous le titre *Nora Helmer*. Notons que l'intérêt des cinéastes pour la pièce ne se dément pas davantage ensuite. En 1992 encore, le film du réalisateur iranien Dariush Mehrjui, *Sara*, est une adaptation actualisée de la trame d'*Une maison de poupée*.

1. Ibsen était un lecteur de Zola et Georg Brandes accorde une bonne part de sa description louangeuse de la littérature moderne au naturalisme, sans pour autant que tous les articles et écrits de Zola aient été traduits et diffusés en Scandinavie.

solution ou de réponses. En effet, le départ de Nora Helmer est d'autant plus saisissant qu'il est annoncé lors d'un tête-à-tête, dans un cadre intime, comme une décision individuelle qu'elle ne cherche pas à transformer en acte de revendication ou en enjeu public. Les questions de servitude et de soumission qui la traversent se trouvent donc renvoyées à l'appréciation libre du spectateur. Les débats et polémiques n'ont d'ailleurs pas manqué à la suite de sa création et se trouvent renouvelés depuis à chaque nouvelle mise en scène de la pièce.

1. Une pièce féministe ?

Contexte et projet d'écriture

Avant toute chose, il importe de replacer *Une maison de poupée* dans son contexte d'écriture. Les débats qui agitent alors la société norvégienne ont en effet eu une influence décisive sur le projet d'Ibsen.

En Norvège au XIXe siècle, la femme mariée a moins de droits que la femme célibataire. Il lui est notamment refusé toute liberté d'entreprendre (loi de 1866). Elle se trouve ainsi légalement sous la tutelle de son mari. Au demeurant, ce n'est qu'en 1845 que les femmes célibataires âgées de plus de vingt-cinq ans ont été considérées comme majeures, alors qu'auparavant elles devaient demander leur mise sous curatelle.

Peu à peu émerge parmi certains esprits éclairés une opinion qui conteste cet état de fait. Les écrivains, penseurs et artistes qui participent, autour de Georg Brandes, à la « percée moderne[1] » défendent l'émancipation de tous – et en particulier des femmes – par la culture,

1. Le penseur danois Georg Brandes a popularisé ce terme dès 1883 : il s'agit de décrire l'élan de modernité qui anime la littérature et la philosophie scandinaves, en lien avec les mouvements artistiques européens d'avant-garde, afin de se défaire enfin du conservatisme et de l'isolationnisme culturels du nord de l'Europe. Le terme est très

l'éducation, l'ouverture au monde. Henrik Ibsen est très proche de nombreux essayistes de ce mouvement. Aussi les contemporains ne manquent-ils pas de reconnaître dans le personnage de Lona Hessel, de la pièce *Les Soutiens de la société*, la féministe, peintre et écrivain Aasta Hansteen (1824-1908). Ce personnage clôt la pièce par ces mots : « Non, la liberté et la sincérité, voilà les vrais soutiens de la société ! », tandis que son ancien fiancé doit reconnaître : « Je viens d'apprendre encore cette vérité que les femmes sont les soutiens de la société[1]. » Cette dernière phrase toutefois, on en conviendra, est susceptible d'interprétations diverses : elle peut aussi bien appuyer un discours féministe que reprendre le discours classique des conservateurs, qui voyaient eux aussi dans la femme le « soutien » de la société, en raison de son rôle d'épouse et de mère.

La vie personnelle d'Ibsen nous éclaire cependant sur le sens à donner à ses textes. Il a pour épouse Suzannah Thoresen (1836-1914), dont la belle-mère, Magdalene Thoresen (1819-1903), écrivain et dramaturge, tient un salon littéraire à Bergen acquis à la cause de la femme créatrice. S'il réside alors à l'étranger, Ibsen est particulièrement sensible, par son entourage et les femmes qu'il croise, à ce qu'il juge être le caractère rétrograde de son pays d'origine. Nombre de ses pièces accordent à des personnages féminins le rôle principal (*La Dame de la mer*, en 1888, *Hedda Gabler*, en 1890) ou une fonction déterminante (Mme Alving dans *Les Revenants*, en 1881, et Rebekka West dans *Rosmersholm*, en 1886). Dans *Les Soutiens de la société*, c'est le premier amour de l'homme d'affaires corrompu qui l'amène à avouer ses mensonges publiquement et à s'amender.

---

diffusé en Scandinavie : *genombrott* en suédois, *gjennembrudd* en norvégien et *det moderne gennembrud* en danois, sa version originale.

1. Henrik Ibsen, *Les Soutiens de la société, pièce en quatre actes, suivi de L'Union des jeunes*, trad. P. Bertrand et E. de Nevers, Stock, 1902, p. 145. Dans la même scène finale (IV, 22), Lona affirme : « Votre société est une société d'épicier : elle ne remarque pas les femmes » (*ibid.*, p. 144).

Une maison de poupée est créée alors que débute un débat qui fera rage de 1879 à 1884, notamment dans le milieu bohème de Christiania. Celui-ci porte sur la « double morale » : il s'agit du problème de la différence de traitement entre l'homme, dont les nombreuses conquêtes lui valent d'être considéré complaisamment comme un Don Juan, et la femme qui, si elle agit de même, est tenue pour perdue. Le dramaturge norvégien Bjørnstjerne Bjørnson, contemporain et rival d'Ibsen, s'emparera de ce thème en 1883 dans le drame *Un gant*.

En 1884 sera créée la première association féministe en Norvège, et en 1888 une loi mettra fin à la tutelle du mari sur son épouse. Cette dernière, n'étant plus considérée comme une mineure, pourra prendre des dispositions financières ou occuper un emploi sans demander le consentement de son mari – toutes mesures encore interdites à Nora dans la pièce ! Malgré tout, dans la vie quotidienne norvégienne, les habitudes conservatrices resteront tenaces.

Mais revenons quelques années en arrière, à la source d'*Une maison de poupée*. L'intrigue de la pièce, qu'Ibsen rédige en Italie, lui a été inspirée pour partie par la rencontre, en 1869, d'une jeune admiratrice, Laura. Âgée de 20 ans, celle-ci lui présente un roman qu'elle a écrit comme une suite à *Brand*. Une correspondance et des entretiens s'ensuivent. Le couple Ibsen la reçoit à plusieurs reprises et la surnomme l'« alouette » – surnom qui sera également celui de Nora – en raison de sa vivacité et de sa joie de vivre. Laura épouse en 1873 un professeur de lycée danois, tuberculeux, dont l'état nécessite un voyage en Suisse et en Italie. Afin de ne pas accabler son époux de soucis supplémentaires, elle contracte un emprunt en lui faisant croire que les fonds obtenus proviennent de ses propres droits d'auteur. Mais la santé de celui-ci se détériore et elle s'enlise dans les dettes : en 1879, Ibsen lui conseille de tout révéler à son mari, mais elle s'entête dans une nouvelle falsification. Son époux, l'ayant appris, la fait interner en asile psychiatrique. Elle perd la garde de ses enfants et est contrainte au divorce. Toutefois, deux ans plus tard, le couple se reconstitue et elle regagne son foyer.

Alors qu'il est à Rome, Ibsen définit par écrit, le 19 octobre 1878, dans ses *Notes pour la tragédie de l'époque contemporaine*, ce qu'il exposera dans *Une maison de poupée* :

> Il y a deux sortes de lois spirituelles, deux sortes de conscience : une qui est propre à l'homme et une autre, toute différente, qui est propre à la femme. Ils ne se comprennent pas mutuellement ; mais la femme est jugée dans la vie pratique selon la loi de l'homme, comme si elle était un homme, et non une femme.
>
> À la fin de la pièce, la femme ne sait plus où elle en est, elle ne sait pas ce qui est juste ni ce qui ne l'est pas ; le sentiment naturel, d'un côté, et la foi en l'autorité, de l'autre, la plongent dans un désarroi total.
>
> Une femme ne peut pas être elle-même dans la société contemporaine, qui est exclusivement une société masculine, avec des lois écrites par des hommes et des accusateurs et des juges qui jugent la conduite de la femme d'après un point de vue masculin.
>
> Elle a fait un faux, et c'est sa fierté ; car elle a fait cela par amour pour son mari, pour lui sauver la vie. Mais cet homme qui a une conception très banale de l'honnêteté tient à respecter la loi, et il considère la chose avec des yeux masculins.
>
> Luttes intérieures. Écrasée et troublée par la foi qu'elle a en l'autorité, elle perd la conviction qu'elle a le droit et la capacité d'éduquer ses enfants. Amertume. Dans la société contemporaine, une mère n'a qu'à s'en aller mourir quelque part, comme certains insectes, une fois qu'elle a fait son devoir pour la reproduction de la race. Amour pour la vie, le foyer, le mari, les enfants et la parenté. De temps à autre, elle chasse ces pensées d'une façon toute féminine. Brusquement, la peur et l'épouvante la reprennent. Elle doit tout porter toute seule. La catastrophe s'approche irrémédiablement, inexorablement. Désespoir, lutte et déchéance [1].

1. Ce texte est cité par Maurice Gravier (*Ibsen. Textes d'Ibsen, points de vue critiques, témoignages, chronologie*..., Seghers, 1973, p. 154-155) et par Yves Chevrel (*Henrik Ibsen. « Maison de poupée »*, PUF, « Études littéraires », 1989, p. 19). La traduction est de Pierre Georget La Chesnais dans les *Œuvres complètes* d'Ibsen, Plon, 1939.

Le rapport homme-femme : possession, soumission et sacrifice

De tous les schémas actanciels, la relation maître-valet (voire maître-esclave) est probablement l'une de celles qui connurent le plus grand succès au théâtre. Il était entendu qu'elle liait deux personnages de conditions explicitement différentes : par exemple, Sganarelle et Dom Juan chez Molière, Figaro et le comte Almaviva chez Beaumarchais.

Les relations de dépendance et de soumission qui se jouent dans le théâtre d'Ibsen et dans les pièces d'Ancien Régime ne sont certes pas les mêmes. Les hiérarchies n'ont pas disparu, mais elles sont plus diffuses, moins formelles, moins aisément identifiables. C'est pourquoi le dramaturge les scrute dans ce qu'elles ont de plus subtil – il décrit des rapports sociaux tissés d'hypocrisie et de non-dits – et de plus psychologique – il interroge les motivations profondes de ceux qui asservissent et de ceux qui se laissent asservir. Et, ce faisant, il ne peut manquer d'interroger les rapports entre hommes et femmes au sein du couple.

Ibsen est très conscient, par ses lectures, par ses voyages et par ses fréquentations, des multiples difficultés et contrariétés de la condition féminine : sacralisée comme mère et comme épouse dévouée à sa famille, admirée pour son abnégation et son dévouement, célébrée comme « soutien de la société », la femme demeure pourtant une éternelle mineure à qui l'on dénie des droits élémentaires – gagner de l'argent, en emprunter ou en dépenser sans l'accord de son mari… Elle se trouve donc dans une situation d'aliénation, dépossédée de son libre arbitre, soumise à un époux qui, sans être toujours brutal et même en étant souvent aimant, « est sûrement convaincu de tout faire pour le mieux [1] », comme le dit laconiquement dans *Hedda Gabler* un autre personnage

1. Henrik Ibsen, *Hedda Gabler*, trad. R. Boyer, GF-Flammarion, 1995, I, p. 81.

féminin malheureux en ménage, Mme Elvsted, sorte de double de Kristine Linde.

Cette situation se traduit dans *Une maison de poupée* à travers une foule de détails, à commencer par la répartition de l'espace : Helmer dispose d'un bureau, d'un espace à lui dans lequel il peut s'enfermer pour vaquer en paix à ses occupations ; Nora, elle, est cantonnée au salon, un espace sans cesse susceptible d'être traversé par d'autres personnes qu'elle, où elle doit cacher ses travaux. La didascalie qui ouvre la pièce nous décrit un parfait intérieur bourgeois, « *confortable et de bon goût, mais sans grand luxe* » (I, p. 45). Nora ne dispose pas d'un lieu réservé, comme si elle devait renoncer à toute intimité. Et, de fait, elle étouffe dans ce salon : « Comme c'est ennuyeux que nous vivions tellement à l'étroit ! » (*ibid.*, p. 87).

Helmer se comporte à son égard comme un patriarche. Sans malveillance, il surveille ses activités (« Regarde-moi droit dans les yeux. [...] Mon bec fin n'a-t-il pas fait un tour en ville aujourd'hui ? [...] Mon bec fin n'a vraiment pas fait un détour par la pâtisserie ? », *ibid.*, p. 53), il lui distribue son argent (« Il faudra que, de nouveau, je délie les cordons de la bourse », *ibid.*, p. 51) et ne manque jamais de souligner comme il est bon avec elle (« C'est incroyable ce que ça coûte à un homme d'entretenir un étourneau », *ibid.*, p. 53) et méritant d'une façon générale (« Eh bien ! ce n'était pas une bonne idée que j'ai eue là ? », II, p. 128). Il ne semble pas envisager la possibilité que son épouse ait aussi quelque mérite, ce qu'elle fait de bon étant un dû. Lorsque Nora lui demande : « Est-ce que je ne suis pas gentille aussi de t'avoir fait plaisir ? », il lui répond, désarçonné : « Gentille... parce que tu fais plaisir à ton mari ? Bon, bon, petite folle, je sais bien que ce n'est pas ce que tu voulais dire » (*ibid.*).

Nora, au début de la pièce, ne semble nullement s'en plaindre ni vivre cela douloureusement (« L'idée ne me viendrait pas d'agir contre ton gré », I, p. 54). Elle s'accommode même fort bien de l'infantilisation dont elle fait l'objet (« Je n'y parviens vraiment pas sans ton aide. [...] Oui, prends soin de moi, Torvald ! », II, p. 164 ; « Corrige-moi. Guide-moi comme tu en as l'habitude, *ibid.*, p. 166), et se prête pleinement au rôle qui lui est assigné, au point de jouer elle-même à l'enfant avec ses propres enfants : « Est-ce qu'on joue ? À quoi voulez-vous jouer ? À cache-cache ! Oui, on y joue [...] *Nora se cache sous la table.* [...] *Elle sort à quatre pattes, comme pour les effrayer. Nouvelle explosion de joie* » (I, p. 89). Non seulement elle joue ce rôle, mais elle sait aussi *en jouer*, sachant fort bien flatter son mari pour en obtenir ce qu'elle souhaite (« Vois-tu, Kristine est extrêmement douée pour le travail de bureau et puis, elle meurt d'envie d'être sous les ordres d'un homme capable », *ibid.*, p. 85).

Si bien que, au début de la pièce, nul ne semble avoir rien à redire à cette situation, tout le ressort dramatique de la pièce se centrant sur le mensonge et le secret de Nora. Du moins, jusqu'à la résolution de cette première intrigue (III, p. 208). Car juste avant que celle-ci se dissipe, Nora prend conscience, à travers la réaction de son mari, qu'un problème plus fondamental se pose à elle : sa condition de subalterne auprès d'un homme qui la perçoit comme un objet (objet de son pouvoir, objet de son désir) et non comme une personne à part entière. « Maintenant, je commence à comprendre » (*ibid.*, p. 205). Elle souhaite être reconnue comme une femme, un être égal, libre avant d'être assigné à un rôle, mais il lui répond : « Tu es d'abord et avant tout épouse et mère » (*ibid.*, p. 217). Nora se découvre alors le destin d'une sacrifiée.

Kristine Linde offre une autre figure de femme sacrifiée : elle a dû renoncer à son sentiment pour Krogstad, dont elle était amoureuse par le passé, pour épouser un parti plus riche et subvenir aux besoins de sa famille, à la mort de son père ; devenue veuve, elle doit à présent trouver un emploi pour vivre et se retrouve dans la position inconfortable de devoir quémander auprès d'une ancienne amie perdue de vue depuis huit ans une place dans la banque de son mari.

La dimension sacrificielle de la destinée féminine, telle que l'a popularisée Alexandre Dumas[1] avec Marguerite Gautier (*La Dame aux camélias*, 1852), connaît de nombreux avatars dans la littérature : vieille fille, pauvre jeune fille, mère âgée ou jeune mariée se dévouent inexorablement pour les enfants et pour le maintien des familles… Le théâtre d'Ibsen en offre lui-même d'autres figures. Ainsi, dans *Hedda Gabler*, le propre époux de Hedda, Tesman, a été élevé à la mort de ses parents par deux vieilles tantes. L'une d'elles revendique ce sacrifice comme le seul bonheur de sa vie : « Est-ce que j'ai d'autres joies en ce monde que de t'aplanir la voie, mon garçon[2] ? » Elle ajoute que, à la mort de sa sœur, elle ne saura que faire de sa vie[3], si ce n'est se sacrifier encore pour un enfant à venir : « Et j'ai tellement besoin d'avoir quelqu'un pour vivre, moi aussi[4]. » Cet aveu n'est pas sans rappeler celui de Kristine Linde à Krogstad (*ibid.*, p. 180-182).

On aurait tort de croire qu'Ibsen se contente de camper des figures individuelles de femmes malheureuses. Il entend bel et bien parler de la condition féminine en général : dans l'entretien final entre Helmer et Nora, ce dernier lui assène : « Mais il n'existe personne qui sacrifie son *honneur* pour l'être qu'il aime. » Nora lui répond : « C'est ce que des centaines de milliers de femmes ont fait » (*ibid.*, p. 222).

---

1. En 1879, l'année de publication et de création d'*Une maison de poupée*, Alexandre Dumas rédige une préface à sa pièce *L'Étrangère* (1876), dans laquelle il témoigne de la difficulté pour un dramaturge de dire la vérité de l'adultère, et plus généralement des comportements féminins sur scène, tant les attentes du public restent conservatrices. Il est ouvertement entendu que les enfants naturels sont navrés de l'être et que les femmes mariées n'ont pas d'amant, ou un seul, par passion et à regret.
2. Henrik Ibsen, *Hedda Gabler*, *op. cit.*, I, p. 53.
3. *Ibid.*, p. 47.
4. *Ibid.*, p. 215.

Réception polémique et interprétations engagées

De fait, lorsque paraît *Une maison de poupée*, la pièce est immédiatement considérée comme une prise de position dans le débat contemporain sur l'émancipation féminine. Son dénouement, qui voit une jeune femme délivrée de toute menace de chantage, mariée à un homme certes fruste et rigide mais aimant, quitter son foyer sans autre motif qu'un désir personnel d'éducation (« Il faut que je veille à m'éduquer moi-même », *ibid.*, p. 215), fait scandale en Allemagne et en Autriche, où les critiques se liguent contre ce soudain revirement de Nora, le jugeant peu crédible. Ils y voient autant un signe de faiblesse de caractère du personnage qu'une preuve de l'indigence de la construction dramatique. L'actrice Hedwig Niemann-Raabe refuse même de jouer le rôle d'une femme qui abandonne ses enfants. Ibsen doit donc, à contrecœur, écrire une autre fin à sa pièce (évoquée plus en détail à la fin de ce dossier, p. 272-274) : Nora y est contrainte par Helmer d'ouvrir la porte de la chambre des enfants et se ravise en les voyant.

Contemporain d'Ibsen, Strindberg est prompt à la critique. À l'époque, il voit, non sans une certaine mauvaise foi, dans la « vogue » des pièces consacrées à la soumission féminine une mode de nantis préoccupés d'un débat qui ne touche qu'une infime partie de la société. Malheureux en ménage et misogyne, il écrit dans la préface qu'il donne au recueil de ses nouvelles *Mariés !* (1884) une analyse acerbe de la pièce d'Ibsen. Il la considère comme « une galanterie romanesque » pour « femmes cultivées corrompues », et s'interroge sur le bien-fondé de la décision de Nora de partir de chez elle. Elle aurait pu, explique-t-il, « le faire tout aussi bien dans la même maison que ses enfants, en relation avec les réalités de la vie, et en luttant avec son amour pour Helmer » :

> Ce que l'auteur a voulu dire avec *Maison de poupée*, on ne le saura jamais. Le fait qu'elle donna l'impression d'être

> un manifeste en faveur de la femme opprimée, et que le grand public l'interprétait ainsi, provoqua tout de suite une telle tempête que même les gens les plus calmes perdirent la tête. Car la pièce prouve exactement le contraire de ce qu'elle est censée prouver. [...]
>
> Néanmoins, avec *Maison de poupée*, le problème des mariages malheureux fut mis sur le tapis. Toutes les femmes virent, dans leurs maris, des tyrans, et elles se considérèrent toutes, pour des raisons plus ou moins bonnes, comme des poupées[1].

Pour Strindberg, il est manifeste que Nora n'est pas soumise à son mari mais à l'hérédité qui, par son père, a fait d'elle une falsificatrice et une menteuse. Élément exogène dans le foyer des Helmer, elle apporte la fausseté, y fait entrer Krogstad et plus généralement le mensonge.

C'est pourtant ce parti pris en faveur des femmes qui a souvent été souligné dans les diverses adaptations filmiques ou théâtrales de la pièce et par les suites qui lui ont été données par des écrivains et metteurs en scène du XXe siècle, notamment dans les années 1970, à l'époque de la révolution sexuelle : lorsque le cinéaste américain Joseph Losey, en 1973, propose sa version filmique, *A Doll's House*[2], avec Jane Fonda dans le rôle de Nora, les revendications féministes voient l'institution du mariage comme un esclavage légal et la condition de la femme au foyer comme une entrave à la liberté individuelle. Il souligne ce trait dans son adaptation en accentuant la différence d'âge entre les deux époux. Quant au téléfilm que propose Fassbinder cette même année, il montre un intérieur bourgeois vu à travers des barreaux de fer ouvragés comme ceux d'une cage à oiseaux.

---

1. August Strindberg, *Mariés !* (*Giftas*, 1884), trad. P. Morizet et E. Ahlstedt, Arles, Actes Sud, 1986, p. 13-19. Le recueil contient également une parodie d'*Une maison de poupée* sous le titre *Ett dockhem*.
2. Film franco-britannique produit par les Films de La Boétie, avec une musique de Michel Legrand. Delphine Seyrig joue le rôle de Mme Linde ; Edward Fox, acteur de films policiers, et David Warner jouent respectivement les rôles de Krogstad et de Helmer.

La dramaturge autrichienne Elfriede Jelinek, prix Nobel de littérature en 2004, donne en 1977, dans la première de ses pièces, *Ce qui arriva quand Nora quitta son mari ou Les piliers de la société*[1], une « suite » à l'œuvre d'Ibsen. Sa Nora se dit être « la Nora de la pièce d'Ibsen[2] », mais un saut temporel a été opéré puisque l'intrigue se situe dans les années 1920, alors que montent les totalitarismes. Ouvrière dans l'industrie, l'héroïne est doublement entravée et manipulée : par les hommes et par sa condition sociale. Elfriede Jelinek fait de Nora une femme que les hommes se prêtent et cèdent : ce qui était chez Ibsen infantilisation devient clairement instrumentalisation. Le « mythe Nora » se trouve là mis en évidence par Elfriede Jelinek, qui lit les féministes tout en prenant ses distances avec les textes fondateurs de Simone de Beauvoir, de Betty Friedan ou de Kate Millett, qui utilisent Nora comme modèle de l'aspiration à l'émancipation.

Le couple de Nora a en effet servi d'exemple dans plusieurs interprétations féministes du mariage, vu comme une oppression. Ainsi, dans *Le Deuxième Sexe* (1949), Simone de Beauvoir écrit :

> La femme essaie quelquefois de lutter. Mais souvent elle accepte bon gré mal gré, telle Nora dans *Maison de poupée*, que l'homme pense à sa place ; c'est lui qui sera la conscience du couple. Par timidité, par maladresse, par paresse, elle s'en remet à l'homme du soin de forger les opinions communes sur tous les sujets généraux et abstraits.

---

1. L'Arche, 1993, trad. Ch. Sirjacq, titre original allemand : *Was geschah, nachdem Nora ihren Mann verlassen hatte, oder Stützen der Gesellschaften*. On reconnaît là l'entrelacement des deux célèbres pièces sociales d'Ibsen : *Une maison de poupée* pour l'allusion à Nora, et *Les Soutiens de la société* (parfois traduite par *Les Piliers de la société*), pièce datée de 1877, soit deux ans avant *Une maison de poupée*.
2. Les premiers mots de la pièce sont : « Je ne suis pas une femme abandonnée par son mari. Je suis une femme qui est partie d'elle-même. Automatiquement. Ce qui est plus rare. Je suis Nora, la Nora de la pièce d'Ibsen. Pour l'instant, je me réfugie dans un métier pour fuir un état d'âme confus » (Elfriede Jelinek, *Ce qui arriva quand Nora quitta son mari* [1984], trad. L.-C. Sirjacq, L'Arche, 1993, p. 7).

[...] Le mari se complaît généralement dans ce rôle de mentor et de chef. Au soir d'une journée où il a connu les difficultés des rapports avec des égaux, la soumission à des supérieurs, il aime se sentir un supérieur absolu et dispenser des vérités incontestées[1].

Le mariage est alors une contrainte pour l'épouse comme pour l'époux, chacun pris dans un rôle étouffant sa personnalité :

L'union de deux êtres humains est vouée à l'échec si elle est un effort pour se compléter l'un par l'autre, ce qui suppose une mutilation originelle ; il faudrait que le mariage fût la mise en commun de deux existences autonomes, non une retraite, une annexion, une fuite, un remède. C'est ce que comprend Nora quand elle décide qu'avant de pouvoir être une épouse et une mère, il lui faut d'abord devenir une personne[2].

De même, la féministe américaine Betty Friedan cite amplement *Une maison de poupée* dans *La Femme mystifiée* en 1963 :

Ibsen a montré qu'il comprenait ce qu'était le féminisme en écrivant, en 1879, *Maison de poupée*, où il démontrait symboliquement qu'une femme était tout simplement un être humain. Il apportait quelque chose de neuf en littérature. [...] On dit couramment de nos jours que les femmes passèrent un demi-siècle à se battre pour obtenir leurs droits et le demi-siècle suivant à se demander si elles avaient eu raison de le faire. « Les droits », ces mots résonnent étrangement aux oreilles de celles qui sont nées après la bataille. Mais, tout comme Nora, les féministes durent obtenir ces droits avant même que de pouvoir commencer à vivre et à aimer comme des êtres humains. Très peu de femmes alors et même aujourd'hui ont le courage de quitter l'unique sécurité qu'elles aient jamais connue, ont osé quitter leur mari et leur foyer pour suivre Nora dans sa quête[3].

---

1. Simone de Beauvoir, *Le Deuxième Sexe* (1949), Gallimard, « Folio essais », 1986, t. II, p. 296-297.
2. *Ibid.*, p. 324-325.
3. Betty Friedan, *La Femme mystifiée* (*The Feminine Mystique*, 1963), trad. Y. Roudy (1964), Gonthier-Denoël, 1973.

AU-DELÀ DU FÉMINISME

On le voit à travers ces multiples interprétations : le « féminisme » d'Ibsen et plus encore celui de son personnage est, pour une bonne part, l'objet d'une construction *a posteriori*. Car il faut noter que, si Nora rapproche bien son propre sort de celui de milliers de femmes (*ibid.*, p. 222), elle ne se veut à aucun moment la porte-parole d'un combat militant en faveur de la « condition féminine[1] ». Elle ne plaide pas en faveur d'une émancipation générale, et son choix reste individuel (égoïste, ont pu dire des critiques contemporains).

Plus encore, les rapports inégalitaires n'opposent pas toujours des hommes à des femmes. Femme-enfant, à l'instar de la Lulu de Frank Wedekind (*L'Éveil du printemps, une tragédie enfantine*, 1891, et *L'Esprit de la terre*, 1895), ou de la Salomé d'Oscar Wilde (*Salomé*, 1891), elle a aussi sa part dans l'humiliation faite aux femmes. Ainsi n'est-elle pas toujours très délicate face à Mme Linde, lorsque celle-ci, au premier acte, sollicite son aide pour retrouver un emploi rendu nécessaire par sa condition de veuve. Il y a quelque chose d'humiliant dans la gracieuse désinvolture de Nora, qui invite à poser la question des rapports de soumission au-delà du rapport homme-femme.

S'il convient de remettre *Une Maison de poupée* dans son contexte de création, il est donc important aussi de relativiser celui-ci et de ne pas voir le motif de la « soumission » à travers la seule question du statut des femmes ni à travers le seul cas du couple principal. De fait, tous les personnages de la pièce semblent hantés, à des degrés divers et sous des formes variées, par le spectre de la dépendance à autrui, de la servitude, qu'elle soit d'ordre financier (dette), moral (devoir de l'épouse, de la

---

1. On peut même constater, à la lecture des variantes du texte d'Ibsen, qu'au cours de sa genèse le dramaturge a plutôt atténué certaines prises de position de Nora s'insurgeant contre les lois faites par les hommes. Voir les *Œuvres complètes*, *op. cit.*, t. XI, p. 580-645.

mère, de l'époux, de la sœur et fille…) ou affectif (perte de l'être cher). Tous sont soumis au regard de la société, à la morale commune, aux exigences de leur travail, à leur éducation, voire, sur un mode un peu zolien, à l'hérédité. C'est la situation d'enlisement dans le conformisme social et l'austérité morale de ses contemporains en Norvège que le dramaturge entend dénoncer, parfois railler, et non la seule condition féminine. La « percée moderne » en Scandinavie implique une dénonciation de toutes les hypocrisies sociales. Comme le déclare avec lucidité un homme influent dans *Les Soutiens de la société*, tous, hommes et femmes, nantis et pauvres, sont soumis à une société construite sur le mensonge : « Sais-tu ce que nous sommes, nous que l'on appelle les soutiens de la société ? Nous sommes ses instruments, rien de plus ni rien de moins[1]. »

2. Dépendance, soumission et servitude

L'argent corrupteur

La première forme de dépendance à laquelle sont soumis les personnages de la pièce est classique. Elle a trait à l'argent. L'argent est un motif obsessionnel dans une Europe entrée depuis la révolution industrielle dans l'ère du capitalisme libéral. Aussi en est-il beaucoup question dans *Une maison de poupée* : celui que dépense Nora, celui dont a besoin son amie Kristine pour vivre, celui que va gagner Helmer grâce à sa promotion, celui que son « alouette » a emprunté imprudemment à Krogstad, celui que ce dernier a détourné…

Tous espèrent donc échapper à ces contingences. Le couple Helmer croit d'ailleurs y être parvenu : « C'est tout de même splendide de songer que l'on est arrivé à une situation sûre, stable et que l'on a sa subsistance largement assurée. […] C'est tout de même bien que ces temps difficiles soient passés » (I, p. 55-56). Au détour

1. Henrik Ibsen, *Les Soutiens de la société*, *op. cit.*, IV, 12, p. 124.

d'une réplique, Ibsen nous laisse d'ailleurs entendre que cette promotion professionnelle s'est faite au prix de certaines concessions très intéressées : « Parce qu'être avocat, c'est bien précaire, surtout quand on ne veut s'occuper que de bonnes et belles causes. Et bien entendu, c'était le cas de Torvald… » (*ibid.*, p. 61). Tout à sa satisfaction, Nora commence même à se vanter auprès de Mme Linde de sa nouvelle situation, sans mesurer ce que cela peut avoir d'humiliant pour cette femme qui, elle, est en situation de précarité : « C'est délicieux d'avoir beaucoup d'argent et de ne pas avoir à se faire de soucis. Pas vrai ? », lui dit-elle comme une écervelée. Et Mme Linde de lui répondre sobrement : « Oui, en tout cas, ce doit être bien bon d'avoir le nécessaire » (*ibid.*).

C'est toutefois pour une affaire d'argent que la nouvelle « stabilité » de Nora va être ébranlée. La loi de la gravité rattrape l'insouciante et légère Nora, lorsque Krogstad entreprend de la faire chanter grâce à la signature qu'elle a contrefaite pour lui emprunter de l'argent sans le révéler à son époux. Avec la dette surgit l'angoisse. Ne plus avoir de dettes, ce serait être libre, émancipée, non seulement financièrement, mais aussi existentiellement. Métaphoriquement, la peur de la dette dit la crainte d'être à la merci d'autrui. À leur tour, les rapports entre les êtres sont vécus sur un mode comptable : est-il anodin qu'au moment de leur séparation, Nora lance à Helmer : « Nous avons des comptes à régler, Torvald » (III, p. 211), comme celui-ci, peu auparavant, lui avait dit : « Tu vas me rendre des comptes » (*ibid.*, p. 205) ?

Le rapport à l'argent relève du paradigme de l'abjection défini par Julia Kristeva[1] : il révèle une hantise de la proximité, d'être touché par la laideur du monde, d'en être souillé. Raison pour laquelle, dans le théâtre d'Ibsen, une dette n'est jamais sans conséquence, même une fois acquittée. La reconnaissance de dette déchirée, les montants remboursés n'y changeront rien : qui s'est

1. Voir Julia Kristeva, *Pouvoirs de l'horreur*, chapitre 1, « Approche de l'abjection », Seuil, 1980.

endetté a perdu son autonomie et s'est pour ainsi dire vassalisé ; cette aliénation a trait à l'essence même de son être, elle inscrit définitivement en lui comme une faiblesse consentie et reconnue. C'est le cas de l'avoué Nils Krogstad, qui semble irrémédiablement marqué par le sceau de l'infamie, alors même qu'il a « payé » ses dettes.

Déterminisme du milieu social et de l'hérédité

Plus originale, une autre forme de dépendance frappe les personnages de la pièce. Ils sont souvent renvoyés à leur milieu d'origine et à leur ascendance, comme si pesait sur eux un déterminisme social et familial dont ils ne pourraient se défaire. Dès le premier acte, Helmer s'adresse ainsi à Nora : « Tu es une drôle de petite chose. Tout à fait comme ton père. [...] Enfin ! il faut te prendre comme tu es. Tu as ça dans le sang. Si, si, si, ces choses-là sont héréditaires, Nora » (I, p. 52). Les manies, les caractères des personnages sont déterminés par leurs parents, par leur éducation, par leur milieu : sur Nora aurait pesé un environnement de relâche, de légèreté et de fait, dès le premier acte, nous la voyons consommer en cachette quelques friandises, non sans plaisir de la transgression (« Torvald me l'a défendu. [...] Mais pfff !... pour une fois... [...] Pour moi je vais en prendre un, rien qu'un petit... ou deux, au maximum », *ibid.*, p. 83). Si cette petite transgression restera inconnue de Helmer, il commentera, acerbe, la « trahison » de sa femme, la renvoyant à nouveau à son éducation : « J'aurais dû le prévoir. Avec la légèreté des principes de ton père [...] et de ces principes, tu as hérité. Pas de religion, pas de morale, pas de sens du devoir... » (III, p. 205). Nora souffrirait d'une faiblesse de caractère congénitale, pour ainsi dire, ainsi que d'une éducation laissant à désirer, comme le montre l'anecdote qu'elle relate sur ses incursions à l'adolescence dans les chambres des bonnes (II, p. 148).

La question de l'hérédité est alors dans l'air du temps : du naturaliste Darwin au philosophe Auguste Comte, tous les grands scientifiques et penseurs de l'époque se penchent sur les multiples aspects de cette question. Le cycle des *Rougon-Macquart* (1871-1893) de Zola popularise le thème en littérature. Ibsen apprécie beaucoup Zola, au point qu'il est lui-même considéré « comme une sorte de Zola scandinave[1] » par le public français.

C'est toutefois dans le personnage du docteur Rank que se manifeste de la façon la plus évidente ce pouvoir nocif de l'hérédité. Atteint d'une maladie incurable, une tuberculose de la moelle épinière (« D'ici un mois, je serai peut-être en train de pourrir au cimetière », *ibid.*, p. 137), celui-ci en accuse son père : « Ma pauvre, mon innocente colonne vertébrale doit souffrir de la joyeuse vie que mena mon père » (*ibid.*, p. 139). Le motif de la maladie parcourt toute la pièce : c'est parce que son époux est tombé gravement malade par surmenage que Nora a été amenée à souscrire un emprunt ; son père à la même époque était lui aussi mourant ; l'épouse de Nils Krogstad et l'époux de Kristine Linde sont morts de maladie. Mais, dans le cas du docteur Rank, la maladie est la conséquence de la conduite morale désordonnée des ancêtres. On doit très probablement y lire une allusion à la syphilis.

Ibsen décrit une situation comparable dans *Les Revenants* (1881) : Mme Alving est la veuve d'un homme alcoolique et brutal dont elle tait les turpitudes par convenance, conformément aux injonctions du pasteur du village. Mais du passé nul ne peut se défaire : son fils unique est de santé fragile en raison de l'alcoolisme paternel, et son seul espoir réside dans son amour pour

---

1. Selon Jacques Robichez, *Henrik Ibsen*, numéro spécial d'hommage pour le cinquantième anniversaire de sa mort, *Revue d'histoire du théâtre*, n° 9, Michel Brient éditeur, 1957, p. 24. C'est du reste Zola qui avait attiré l'attention d'Antoine sur un article de Jacques Saint-Cère consacré à Ibsen. Antoine monta *Les Revenants* et nota au préalable dans son journal à propos de cette pièce : « Cela ne ressemble à rien de notre théâtre ; une étude sur l'hérédité (on comprend que Zola ait été alerté), dont le troisième acte a la sombre grandeur de la tragédie grecque » (17 février 1890).

la jeune Régine, qui se révèle être sa demi-sœur du fait de l'adultère du père avec la bonne de la famille. Le passé n'est jamais vraiment passé, il fait constamment retour, encercle et soumet les personnages à sa loi.

La conduite morale des personnages est donc réputée avoir des conséquences sur leur progéniture, comme Helmer le confirme à Nora : « Une telle atmosphère de mensonge apporte la contagion et des germes malsains dans toute une vie de famille. Chaque fois que les enfants respirent, ils absorbent les germes du mal. [...] Presque tous les jeunes dépravés ont eu des mères menteuses » (I, p. 111). L'immoralité est vécue sur le mode de la contagion. Terrorisée à l'idée qu'elle pourrait être nuisible à ses enfants, elle renonce à les voir trop souvent (« Ne les laisse pas venir ! », dit-elle à la bonne d'enfants : « Corrompre mes petits enfants... ! Empoisonner la maison... », *ibid.*, p. 113).

Il est toutefois difficile de savoir dans quelle mesure Ibsen prête lui-même foi à ce que disent ses personnages. Lorsque Nora annonce à Mme Linde le mal qui frappe le docteur Rank, et la raison de ce mal, celle-ci lui demande : « Mais, ma bien chère Nora, comment peux-tu savoir des choses pareilles ? » La réponse ne laisse pas d'être assez évasive : « Pfff... ! Quand on a trois enfants, on reçoit de temps en temps la visite de... de dames qui s'y connaissent un peu en médecine. Et, n'est-ce pas, elles vous racontent une chose ou une autre » (II, p. 122-123). Quoi qu'il en soit, il suffit que les personnages croient à leurs propres discours, issus souvent de rumeurs locales, pour en être bel et bien les prisonniers.

Le regard social : la morale des apparences

Ainsi, la conduite des individus ne pose pas seulement problème d'un point de vue médical. Elle est aussi un enjeu de morale publique. Le regard collectif, le qu'en-dira-t-on ont une importance cruciale dans l'environnement bourgeois des Helmer. Il définit véritablement une morale des apparences, où l'image compte plus que la réalité. Aussi chacun doit-il se plier au rôle qui est le sien, rester à sa place. Dans *Hedda Gabler*, Ejlert Løvborg est considéré par tous comme fini alors qu'il vient d'écrire un livre de grande qualité, et cette condamnation sociale le fait retomber dans l'alcoolisme. À l'instar de Krogstad, en effet, c'est un homme humilié : alors qu'il s'est exilé loin de la ville, qu'il s'est amendé et a travaillé à un vaste projet d'écriture, il est toujours considéré comme le débauché et l'alcoolique qu'il a été dans sa jeunesse. Les autres protagonistes n'ont de cesse de mettre à l'épreuve sa bonne conduite et se déclarent ouvertement rassurés quand il cède. La rigidité des personnages n'est donc pas théâtralement structurelle (comme c'est le cas dans le mélodrame, où un traître reste traître), mais strictement sociale : le regard d'autrui, la rumeur, la réputation mettent au pas les individus. Dans *Les Soutiens de la société*, un protagoniste indique : « Dans notre société, une légère faute de jeunesse n'est jamais effacée[1]. » Dans *Une maison de poupée*, deux personnages symétriques sont fortement exposés à cette morale des apparences.

Krogstad, qui s'est compromis dans des affaires d'argent, est désormais mal vu. Bien que les faits soient anciens, qu'il plaide lui-même coupable (« Il y a pas mal d'années, je me suis rendu coupable d'une imprudence », I, p. 96) et qu'il estime avoir quelques circonstances atténuantes, il a été mis au ban de la bonne société : « L'affaire n'est pas passée en justice. Mais toutes les portes se sont aussitôt fermées devant moi » (*ibid.*). Nul ne prend au sérieux ses protestations. Krogstad fait donc de la reconquête de son image sociale une urgence : « Mes fils grandissent. À cause d'eux, il faut que je veille à recouvrer autant de considération que possible » (*ibid.*). Dans *Les Soutiens de la société*, c'est également pour son fils que Bernick, homme d'affaires corrompu,

1. Henrik Ibsen, *Les Soutiens de la société*, *op. cit.*, III, 6, p. 95.

fait publiquement amende honorable. On retrouve là la hantise que la mauvaise réputation soit contagieuse et touche à leur tour les enfants.

Mais, de tous, Torvald Helmer est probablement le plus asservi à ces considérations conformistes, tant il veille à ne pas commettre de faux pas et à ne pas être contaminé par la mauvaise image des autres. Lorsque Nora, soumise au chantage, supplie son mari de réintégrer Krogstad dans sa banque, Helmer préfère ne considérer que les anciens méfaits dont son employé est la rumeur plutôt que sa conduite irréprochable qu'il a pu vérifier par lui-même. Nora, bien consciente de cette préoccupation obsédante, tente de le convaincre en jouant sur ce registre (« Cet individu écrit dans les plus méchants journaux, n'est-ce pas ? […] Il peut te faire tant de mal », II, p. 130). Mais Helmer contrôle avec bien trop de soin sa propre image pour se croire atteignable : « Ton père n'était pas un fonctionnaire inattaquable. Mais moi, si. Et j'espère que je le resterai tant que j'occuperai ce poste » (*ibid.*, p. 131).

Plus encore, c'est pour une question d'image qu'il refuse d'accéder à la requête de sa femme. D'une part, il ne veut pas paraître influençable : « Si le bruit courait maintenant que le nouveau directeur de la Banque se laisse aller à changer d'avis à cause de sa femme… […] Tu crois que je me rendrais ridicule aux yeux de tout le personnel… », *ibid.*, p. 131-132). D'autre part, il ne veut pas laisser croire qu'il est proche d'un homme compromis : « C'est une de mes connaissances de jeunesse. […] Et cet individu dépourvu de tact ne cache absolument pas cet état de fait quand d'autres personnes sont présentes. Au contraire… […] Il rendrait ma position à la Banque intolérable » (*ibid.*, p. 132-133). Promu directeur de banque, Helmer se confond avec sa fonction et en perd tout sens de la bonté au profit d'un sens des règles et des conventions sociales, attestant qu'il est lui aussi victime d'une forme d'asservissement social, captif de l'image qu'il veut donner de lui-même.

Réciprocité du rapport de soumission

Le théâtre d'Ibsen n'est pas un théâtre binaire. Bien sûr, *Une maison de poupée* nous montre le spectacle de rapports humains inégaux : Nora est soumise au chantage de Krogstad, Helmer la maintient sous sa ferme tutelle, Mme Linde est contrainte de quémander un emploi à son amie… Mais ces rapports ont aussi une réciproque : Krogstad dépend de Nora pour garder sa situation à la banque, et Nora dépend de Mme Linde pour parvenir à amadouer son maître chanteur. Quant à Torvald Helmer, sa dépendance à Nora est d'une nature différente, plus subtile, mais elle n'en est pas moins réelle.

Tout d'abord, Nora est partie prenante de la mise en scène sociale de Helmer. Elle participe de l'image parfaite et enviable que Torvald veut renvoyer de son couple : « Regardez-la bien. Je crois qu'elle vaut la peine d'être regardée. […] Est-ce qu'elle n'est pas merveilleusement jolie ? C'est aussi ce que tout le monde pensait là-haut » (III, p. 187), dit-il à Mme Linde de retour du bal. « L'essentiel, c'est qu'elle ait eu du succès, un succès formidable ! », continue-t-il, avant d'expliquer comment il l'a soustraite à la soirée : « Un tour rapide à travers la salle, une courbette par ci, une courbette par là, et… comme on dit dans les romans, la belle vision a disparu. Il faut toujours de l'effet dans les dénouements » (*ibid.*, p. 187-188). Il a besoin d'elle pour briller en société, il se fait le metteur en scène d'une vie de couple qu'il donne par ailleurs en spectacle tous les jours au docteur Rank et qui constitue tout le « romanesque » de sa vie.

Mais peut-être est-il aussi dépendant, plus profondément, de son désir pour Nora, de son sentiment de possession qui le rend aveugle aux changements qui s'opèrent en elle, jusqu'à ce qu'elle les lui révèle explicitement. Cette dépendance se manifeste par la jalousie : il a refusé qu'elle garde contact avec les amis qui étaient les siens avant leur mariage, comme elle l'avoue à Kristine Linde. Par ailleurs, lorsqu'elle danse la tarentelle en public, s'exprime son désir pour elle en même temps que sa possessivité : « Toute cette soirée, je n'ai cessé de te désirer. Quand je t'ai vue séduire et provoquer dans la tarentelle… mon sang bouillait, je n'y tenais plus… c'est pour ça que je t'ai enlevée si tôt… » (*ibid.*, p. 193). Torvald Helmer réduit certes Nora à n'être qu'un objet de désir – objet heureusement en sa propriété, croit-il –, mais on sait que, bien souvent, qui croit posséder est lui-même possédé par l'objet de son désir.

La dépendance serait donc au moins double dans les couples décrits par Ibsen : si la femme est de façon évidente dans la dépendance de son mari, ce dernier l'est également de façon plus latente.

La tentation du repli

À plusieurs reprises dans la pièce, les personnages laissent affleurer une certaine nostalgie du passé. Nora rapporte à Rank : « Quand j'étais chez nous, j'aimais papa plus que tout, bien entendu. Mais je trouvais toujours tellement amusant de pouvoir pénétrer en cachette dans la chambre des bonnes. Elles, elles ne me faisaient jamais la morale. Et elles se racontaient toujours des histoires si drôles » (II, p. 148). Nora évoque le souvenir d'un passé où, s'échappant, elle se sentait enfin libre d'aller vers les autres et heureuse d'être prise en considération par eux. Helmer, à son tour, après la danse de Nora, se laisse aller à fantasmer : « Alors je m'imagine que tu es ma toute jeune mariée, que nous venons d'être unis l'un à l'autre, que je te conduis chez moi pour la première fois, avec toi… absolument seul avec toi, toi, jeune beauté frémissante ! » (III, p. 193). Le rêve de Helmer est symétriquement inverse à celui de Nora : il trahit aussi un désir de repli sur soi. Comment les deux époux pourraient-ils se comprendre, quand l'un, écrasé par les responsabilités de son travail et de ses employés, n'aspire qu'à la fusion de la cellule familiale, et l'autre, enfermée dans un foyer où elle semble faire partie des meubles, ne souhaite que s'évader ?

Bien qu'il incarne aujourd'hui encore pour les Européens « le » dramaturge du Nord, Henrik Ibsen a vécu une large partie de sa vie – et de sa période de création – dans le sud de l'Europe. C'est un exilé, comme son contemporain le Danois Georg Brandes, qui a quitté son pays entre 1877 et 1883 faute d'avoir obtenu, à cause de ses positions sur le naturalisme et de son rejet de la culture de son pays, la chaire d'esthétique de l'université de Copenhague qu'il convoitait. Dans son livre *Principaux courants de la littérature du XIXe siècle*[1], qu'Ibsen salue comme « l'un des livres qui créent un abîme entre hier et aujourd'hui », Brandes évoque l'infantilisme, la naïveté des peuples du Nord et de leur littérature, présentée comme souffrant d'un retard considérable par rapport aux courants artistiques européens. Elle serait, selon lui, engluée dans le romantisme et ne traiterait pas « de notre vie mais de nos rêves ». Traducteur en danois du livre *On the Subjection of Women* (1869) de John Stuart Mill, Georg Brandes est ouvertement féministe, et plus généralement pourfendeur de toute entrave à la liberté d'expression, de formation et de pensée. Persuadé que les progrès techniques doivent s'accompagner de progrès culturels, esthétiques et moraux, il enjoint ses contemporains à rompre avec le passé et à s'ouvrir au monde et à la modernité.

Ibsen semble ne pas être insensible à ce discours. Lui qui regarde son pays natal depuis l'étranger, il estime que les hommes du Nord sont marqués par leur morale protestante, qui imprègne des lois et des mœurs qui ne tiennent pas suffisamment compte des aspirations, des émotions et des motivations des individus. Le contexte d'écriture de la pièce joue également sur le regard qu'il porte sur son pays. À l'époque d'*Une maison de poupée*, la Norvège est sur le point de sortir à grand-peine de quatre siècles de dépendance et de compromis plus ou moins consentis. Du XIVe siècle à 1814, la Norvège était

1. Cet ouvrage, publié entre 1872 et 1890, rassemble une série de conférences prononcées à l'université de Copenhague en 1871.

une province du royaume du Danemark. Le danois était la langue officielle du pays, qui n'avait aucune autonomie administrative. Au XIXe siècle, à la suite de l'effondrement de l'empire napoléonien, et après quelques péripéties, le royaume, quoique indépendant depuis 1814, est gouverné par le roi de Suède. Mais, face au mécontentement croissant, ce régime est dissous en 1905, et la couronne offerte à un prince danois. Les questions de domination, et avec elles d'identité, de spécificité de la langue norvégienne se posent donc alors avec une grande acuité. Cette tension entre la pesanteur du passé et l'aspiration à l'ouverture traverse imperceptiblement l'œuvre d'Ibsen. Son personnage Peer Gynt, promis à la fille du roi des trolls, se dédit, préférant la vie, la curiosité à l'obscurantisme et aux croyances populaires. Il part alors pour l'Égypte.

Torvald Helmer, quant à lui, ne voyage pas. Il ne lit pas non plus, et ne reçoit guère[1]. Le cercle social des Helmer est fort restreint. La distribution en témoigne : il n'y a que cinq personnages majeurs, auxquels s'ajoutent trois enfants, deux bonnes et un commissionnaire. Ce faible nombre peut certes s'expliquer par le refus d'Ibsen de multiplier les protagonistes, pour qu'aucun personnage superflu ne vienne enrayer la mécanique parfaite des coïncidences mélodramatiques, assurant ainsi le caractère tendu, intense de la pièce. Mais il dit aussi l'isolement des Helmer. On sait que, en raison de la jalousie de son mari, Nora n'a pas pu conserver ses amies de jeunesse. Helmer espère-t-il échapper ainsi aux regards extérieurs si obsédants pour lui, si pesants ? Ne pourrait-on alors voir se profiler, derrière le portrait de Torvald Helmer, les critiques qu'Henrik Ibsen adresse à ses compatriotes repliés sur eux-mêmes, incapables de véritablement s'intéresser aux autres, ou de percevoir autre chose dans une danse étrangère qu'un peu de folklore émoustillant ?

1. On constatera à cet égard que la plupart des échanges dans *Une maison de poupée* sont des dialogues à deux protagonistes.

Torvald est un homme qui s'enferme dans son bureau pour avoir un peu de paix. Il ne s'intéresse guère aux autres : il méprise Krogstad, Mme Linde lui déplaît (« Nous avons fini par la mettre à la porte. Elle est terriblement ennuyeuse, cette bonne femme-là », *ibid.*, p. 190). Même la mort de son « pauvre ami » le docteur Rank ne semble pas l'émouvoir au-delà de quelques paroles convenues : « Il faisait partie de la famille. » Très vite, ces mots sont suivis d'autres qui trahissent l'égoïsme et une forme de bêtise : « Avec ses souffrances et son humeur solitaire, il faisait pour ainsi dire un arrière-plan d'ombre à notre bonheur ensoleillé… Enfin, c'est peut-être un peu mieux ainsi. Pour lui, en tout cas. (*Il s'arrête*) Et pour nous aussi, peut-être, Nora. » L'idéal de fusion rejaillit alors : « Maintenant, nous voici tous les deux voués l'un à l'autre » (*ibid.*, p. 202).

Il est toutefois un élément qui vient mettre en échec cette stratégie du repli sur soi : la boîte aux lettres. C'est par courrier que Torvald Helmer apprend la mort de son ami (la fameuse carte marquée d'une croix, II, p. 138 et III, p. 201). C'est aussi par un courrier qu'est provoquée la querelle finale. La boîte aux lettres se rattache pourtant au monde des petits rituels de Helmer : celui-ci a ses petites manies, tout un univers d'habitudes sur lequel il a prise, comme lorsqu'il va relever avec régularité le courrier, si bien que cela oblige Nora à développer toutes sortes de stratagèmes pour qu'il ne mette pas la main sur la lettre qu'elle redoute. La boîte aux lettres, objet théâtral de grande importance dans cette pièce, concentre sur elle la hantise de voir s'effondrer le fragile équilibre du foyer. Elle est un point d'entrée du monde extérieur, un seuil, au sens que lui assigne Gérard Genette d'entrée dans la lecture – et ce d'autant plus qu'elle se situe dans l'antichambre, cet entre-deux si important[1] qui dessert le salon, le bureau de Helmer et donne aussi sur la rue.

1. On peut ici rappeler l'importance que Roland Barthes, dans *Sur Racine*, assigne à l'antichambre, espace intermédiaire fondateur de la tragédie.

La boîte aux lettres retient l'information fatale tout en rappelant sa présence persistante. Le désir de repli de Helmer est voué à l'échec, selon Ibsen, comme l'est l'avenir d'une Norvège qui ne saurait s'ouvrir au monde extérieur pour y voir autre chose qu'une menace.

3. Une difficile libération

Une communication empêchée : la trahison de la parole et de l'écrit

Lors de la mise en scène de la pièce en Allemagne par Hans Neuenfels à Stuttgart en 1972, un critique remarque que les personnages d'*Une maison de poupée* ressemblent à des « insectes dressés », repliés sur eux-mêmes, inaptes à la confidence et au lâcher-prise, prompts à humilier autrui. C'est que, en effet, ceux-ci rencontrent quelque difficulté à communiquer les uns avec les autres. Et ce brouillage de la communication concerne aussi bien la communication écrite que la communication orale.

Qu'il s'agisse du livre inabouti dans *Hedda Gabler*, de papiers perdus ou falsifiés, l'écrit est toujours traître et artificiel chez Ibsen. On sait que Nora a commis un faux, contrefaisant la signature de son père. Elle a, en quelque sorte, signé sa propre condamnation : il est en effet impossible que le document soit crédible, dans la mesure où elle l'a daté de trois jours après la mort de son père. Mais elle-même ne semble pas prendre exactement la mesure de ce dont elle se rend coupable. À proprement parler, elle ne sait pas *ce* qu'elle signe mais uniquement *pour quoi* elle le signe : elle ne comprend pas que ce geste qu'elle a fait par amour pour son mari puisse être considéré par la loi comme un délit de faux et usage de faux. Nora semble en quelque sorte étrangère au monde des juristes et de la loi positive. Elle se réfère, quant à elle, à un code moral informel, à un sens inné de la justice : « Moi je ne connais pas tellement bien les lois. Mais je suis certaine qu'il doit y être dit quelque part que de telles choses sont permises » (I, p. 103). L'écrit est une trace qui reste et qui peut se retourner contre son auteur, car son sens ne dépend pas de ses seules intentions – il lui échappe même bien souvent et vient le contredire.

Plus grave encore, l'écrit brouille parfois la communication entre les êtres. En atteste le rôle que joue dans *Une maison de poupée* la lettre. Plus qu'un moyen sûr de communiquer, la correspondance est souvent au théâtre un élément qui vient troubler l'information : communication différée, voire inopérante (la lettre parvient trop tard), déviée, voire dangereuse (la lettre est interceptée par un autre destinataire), troublée, voire inversée (la lettre est réécrite, modifiée par un tiers), elle offre un ressort dramatique d'une grande efficacité. Ainsi la lettre de Krogstad, dont on pourrait penser qu'elle sera pour Torvald Helmer la révélation du dévouement de sa femme, est *in fine* reçue par celui-ci comme une trahison. Chacun ne lit que ce qu'il veut bien lire… Une fois encore, l'écrit s'avère être traître. C'est également ce que découvrent Nils Krogstad et Kristine Linde, lorsqu'ils évoquent ensemble leur rupture initiale, plusieurs années auparavant. Contrainte d'épouser un parti plus riche pour assurer la subsistance de sa famille, celle-ci a écrit une lettre délibérément mensongère pour rompre avec Krogstad : « Puisque je devais rompre avec vous, c'était également mon devoir que d'extirper de votre cœur tout ce que vous ressentiez pour moi » (III, p. 177). Cette lettre de rupture est même le point originel d'une série de bévues et d'erreurs qui forment la trame de la pièce : d'elle s'ensuit un mauvais mariage, puis des malversations, et enfin le chantage fait à Nora… On voit donc combien la lettre n'est pas ce lieu de l'aveu sincère et de la confidence partagée que célèbre la littérature épistolaire ; la lettre, dans cette pièce, accentue les malentendus, les non-dits, les rancœurs au lieu de les éclairer et de les dissiper. Elle est le lieu de la dissimulation et de l'inversion : Nora produit un faux pour servir de vrais sentiments, Mme Linde rompt tandis qu'elle est encore amoureuse.

On pourrait espérer, alors, que la communication s'établisse plus aisément par oral. Là encore, le dialogue ne s'avère pas si aisé : soit il se fonde sur des éléments déjà dits (les personnages se répètent d'une scène à l'autre), soit il s'arrête net au moment où une révélation, un aveu, un véritable échange est sur le point d'avoir lieu (ainsi de la confidence de Nora au docteur Rank, ou des nombreuses opportunités qui se présentent à elle de se confier à son époux). Mme Linde affirme à Krogstad : « C'est que vous ne m'avez jamais bien comprise » (*ibid.*). Torvald Helmer ne s'adresse quasiment jamais directement à sa femme, qu'il désigne à la troisième personne du singulier, l'affublant de petits noms d'animaux : « notre petit étourneau », « l'alouette », « l'écureuil » ne sont pas seulement des mots tendres qui minorent et infantilisent Nora, ils permettent d'éviter le rapport direct, le face-à-face. Helmer pratique un discours du détour et de l'évitement. Les discours sont ainsi entravés et les dialogues contournés.

Mais dans ces surnoms, on ne peut s'empêcher de voir aussi une préfiguration involontaire de l'issue de la pièce. Tous ces animaux ont en effet en commun leur agilité, leur adresse à s'élever dans le ciel ou dans les arbres, à échapper aux prédateurs. Bachelard, qui consacre une grande partie de sa réflexion dans *L'Air et les songes* (1943) à l'aile et à l'oiseau en tant qu'affranchissement de la pesanteur et élévation, s'attarde sur l'alouette en ces termes :

> Elle n'est qu'*image littéraire* ; c'est un principe de métaphores nombreuses, et ces métaphores sont si directes qu'on croit, en écrivant sur l'alouette, décrire une réalité. Mais la réalité de l'alouette, en littérature, n'est qu'un cas particulièrement pur et net du *réalisme de la métaphore*.
>
> En effet, perdue dans la hauteur et le soleil, l'alouette ne peut exister pour l'œil du peintre. Elle est trop petite pour

être à l'échelle du paysage. Couleur du sillon, elle ne peut donner aucune fleur à la terre d'automne[1].

L'alouette est donc un petit oiseau peu remarquable en apparence et qui n'a certes pas l'ampleur symbolique d'un cygne, d'un albatros ou même la portée mythologique d'un rossignol. Toutefois, elle volette rapidement et égaye de son chant toute promenade dans la nature. C'est pourquoi, selon Bachelard, les poètes et les écrivains (Eichendorff, Michelet, Shelley) font de cette relative banalité une métaphore du sublime, par son vol d'une part et par son chant d'autre part :

> Elle est légère, invisible. Elle est un *arrachement* de la terre qui est tout de suite victorieux. [...] Elle n'exprime pas la joie de l'univers, elle l'actualise, elle la projette. En écoutant l'alouette l'imagination se dynamise de part en part, aucune langueur ne peut subsister, aucune ombre d'ennui[2].

Aussi ce petit surnom d'alouette en dit-il peut-être davantage que ne le pense Helmer sur celle qu'il désigne ainsi : ce mot tendre et minorant annonce la capacité du personnage féminin à s'arracher à la pesanteur de son environnement.

S'EXPOSER POUR S'EXPRIMER : LA DANSE DE NORA

Si la parole et l'écrit sont fuyants, si la confrontation et la rencontre sont impossibles par ces biais, peut-être est-il alors envisageable de s'en remettre au langage du corps ? Par deux fois au cours de la pièce, Nora a l'occasion de danser : une première fois sur scène, en présence de Rank et de Helmer (II, p. 166-168) ; une seconde, hors scène, comme le rapporte Helmer à Mme Linde (III, p. 187-188).

Lors du premier épisode, Nora revêt un « *châle bariolé* », lors du second, un costume ramené de Capri.

---

1. Gaston Bachelard, *L'Air et les songes. Essai sur l'imagination du mouvement* (1953), José Corti, 1992, p. 107.
2. *Ibid.*, p. 109 et 112.

Le fait que Nora Helmer exécute pour les fêtes une danse étrangère en costume joue certes sur des clichés d'exotisme. Le dramaturge souligne également des ambiguïtés : elle se réjouit du collant couleur chair qui pourrait donner l'illusion de la peau nue des danseuses italiennes (II, p. 142) et se conduit brusquement de façon « latine », échevelée, légère. Cet exotisme facile, ce pittoresque de pacotille dit quelque chose de la nature étrangère de Nora : si elle parvient à être crédible en danseuse italienne, c'est qu'elle n'a nulle difficulté à s'évader de sa propre culture pour se fondre dans une autre, quand bien même elle serait rêvée, fantasmée.

Elle joue alors un rôle, délivre un spectacle qui la rend parmi tous les invités masqués, déguisés, comme singulière, qui la distingue et fait d'elle le point de mire de tous les regards. Si elle prétend se produire ainsi uniquement pour son mari, il est manifeste qu'elle danse en réalité pour un public (ne serait-ce que pour le docteur Rank, à qui elle dit, un brin séductrice : « Vous imaginerez que je le fais rien que pour vous », *ibid.*). Ainsi, au-delà du jeu de rôle auquel se contraignent les deux époux, au-delà du jeu social auquel ils sont soumis, émerge un jeu véritablement théâtral.

Soudain, Nora sort d'elle-même au cours d'une danse qui a tout d'une scène d'exorcisme, d'une scène de libération (dans laquelle on peut lire aussi un peu de nervosité, voire d'hystérie, critique que l'on adressait couramment aux femmes à l'époque[1]) : « *Nora danse avec une frénésie croissante. Helmer s'est installé près du poêle et fait de temps à autre à Nora des remarques qu'elle semble ne pas entendre. Ses cheveux se dénouent et lui tombent sur les épaules* » (*ibid.*, p. 167). Nora le reconnaît d'ailleurs fort bien, lorsqu'elle lance à

1. C'est à partir de 1892 que le docteur Charcot, titulaire de la chaire nouvellement créée de « maladies du système nerveux » à l'hôpital de la Salpêtrière à Paris, expose à ses étudiants et au public ses thèses illustrées par les crises de patientes.

Mme Linde : « Tu tombes en pleine folie, Kristine » (*ibid.*) et celle-ci lui répond : « Tu danses comme s'il y allait de ta vie » (*ibid.*).

Ce jeu théâtral permet de révéler sur la scène l'aspiration de Nora à l'émancipation. Sous son déguisement, tout à sa mise en scène dansée, elle peut sembler la reine des ensorceleuses. Les stéréotypes ne disent-ils pas qu'il est dans la nature des femmes de séduire et de tromper, de duper et de mentir ? N'a-t-elle pas montré qu'elle était capable de cela ? Et pourtant, nous la savons sincère, éprise de son mari, désireuse de lui épargner les tracas. Dans un monde où tous sont attentifs à l'image qu'ils renvoient d'eux-mêmes, Nora est la seule qui ose, par une danse violente et sensuelle, se libérer de cette injonction, sortir du cadre étroit du rôle qu'on lui assigne. Au jeu social hypocrite et désincarné du milieu bancaire de Helmer, elle oppose un jeu vivace et tonique, incarné, sensuel, fondé sur la sincérité et le désir de faire plaisir, plus que de plaire. C'est à travers son travestissement et son jeu qu'elle se révèle plus authentiquement qu'à aucun moment auparavant.

La gestuelle de Nora est outrancière et désespérée. Lorsque la parole est entravée, il reste le corps pour s'exprimer. Cette danse étrangère lui permet d'échapper à un langage piégé, par lequel elle ne peut plus communiquer. Plus encore, elle révèle Nora à elle-même et, par ricochet, elle révèle un peu de l'inconscient de Torvald Helmer, qui se trouve fort émoustillé à l'issue de la soirée. La jeune épouse bourgeoise préoccupée de trouver des bas couleur chair afin de ne pas montrer sa peau nue s'exhibe cheveux dénoués : conformément au paradoxe du comédien qui, au XIXe siècle encore, était le point d'appui de toute réflexion sur le jeu d'acteur, Nora n'est réellement elle-même que lorsqu'elle se donne en spectacle, car elle perd le contrôle de son image et se révèle dans toute sa spontanéité, sa fraîcheur, sa liberté, tandis qu'à l'ordinaire elle rentre dans le rôle qu'on lui prête. Elle est enfin sincère et vraie.

Le caractère crucial de ce moment n'a pas manqué d'être relevé par les metteurs en scène. La comédienne russe Vera Komissarjevskaïa, dont c'était le rôle préféré, ne dansait pas la tarentelle en 1906, mais donnait à son mouvement « un rythme nerveux », et le metteur en scène Meyerhold qui la dirigeait d'ajouter : « On voit que ce n'est pas une danse mais une fuite[1]. » Le metteur en scène Thomas Ostermeier, dans son adaptation d'*Une maison de poupée* sous le titre *Nora*, a fait le choix d'actualiser le déguisement de danseuse de Capri de Nora : il la travestit en Lara Croft, l'héroïne du jeu vidéo *Tomb Raider*. Il parvient ainsi à accentuer l'artifice de ce déguisement (ce n'est plus une réalité exotique fantasmée, mais un personnage numérique désincarné) tout en soulignant la violence et la sensualité de la démarche. Dans la didascalie liminaire à la pièce d'Elfriede Jelinek, *Ce qui arriva quand Nora quitta son mari*, la dramaturge prend soin de préciser : « Il est absolument nécessaire que Nora soit jouée par une actrice rompue à l'acrobatie et qui sache aussi danser. Elle doit pouvoir faire les exercices de gymnastique indiqués, mais que ça ait l'air “professionnel” ou pas, importe peu. Elle peut sans problème donner une impression de maladresse[2]. »

Il importe toutefois de noter que la danse de Nora ne parvient pas à rétablir entre elle et son mari une forme de communication. Elle produit à chaque fois des résultats différents chez Torvald. Lors de la première scène, celui-ci ne semble guère apprécier les débordements de sa femme : « Moins d'emportement, Nora ! » (*ibid.*, p. 166), puis « Rank, arrête. C'est de la folie pure. Arrête donc ! » (*ibid.*, p. 168). C'est que Nora lui échappe et qu'il ne voit pas cela d'un bon œil (« Eh bien ! il faut vraiment te guider », *ibid.*). Sa réaction sera toute différente, la seconde fois : la danse fera naître en lui un émoi manifeste et

1. Cité par Gérard Abensour, *Vsévolod Meyerhold ou L'invention de la mise en scène*, Fayard, 1998, p. 129.
2. Elfriede Jelinek, *Ce qui arriva quand Nora quitta son mari*, *op. cit.*, p. 6.

pour tout dire assez risible : le voilà énamouré, rêvant tout haut d'une seconde nuit de noces (III, p. 192-193). Mais là encore, il est évident que Nora est réduite à un instrument lui permettant de briller en société, et à un objet de désir dont il ne comprendrait pas qu'il se dérobe à lui : « Tu ne veux pas ? Est-ce que je ne suis pas ton mari… ? » (*ibid.*, p. 193). En ce sens, la danse permet surtout à Nora de se révéler à elle-même et au spectateur.

Se retirer et renoncer : l'acceptation des choses

À l'opposé de l'attitude de Nora, qui s'expose pour s'exprimer, se trouve celle du docteur Rank. Atteint d'une maladie incurable, condamné, celui-ci fait le choix de se retirer pour mourir. Il y a dans son attitude une forme de renoncement : victime par hérédité de la vie dissolue menée par son père, Rank aurait certes préféré que la vie continue (« Si misérable que je sois, je veux absolument être torturé aussi longtemps que possible », I, p. 80), mais il se résigne : « Il n'y a rien à faire. […] Il ne sert à rien de me mentir à moi-même » (II, p. 137). Le docteur Rank s'impose donc comme la figure pathétique de la clairvoyance.

Si Rank s'impose comme tel, c'est aussi qu'il révèle par contraste le déni dans lequel s'enferment les autres. Lorsqu'il annonce sa mort à Nora, celle-ci coupe court : « (*se bouchant les oreilles*) Bavardage ! Soyons joyeux, joyeux ! » De même, lorsqu'il lui avoue son amour, Nora refuse d'admettre qu'elle l'avait déjà deviné et se contente de lui reprocher non son amour, mais son aveu : « Dire que vous avez pu être aussi maladroit, docteur Rank ! Tout allait si bien » (*ibid.*, p. 147).

Rank est aussi le premier à mettre le doigt sur la faille dans l'image parfaite de Helmer. Quoiqu'il vienne le visiter régulièrement, Rank le tient pour un lâche : « Dans sa délicate nature, Helmer a une répugnance marquée pour tout ce qui est hideux. Je ne veux pas de lui à mon chevet de mourant » (*ibid.*, p. 138). Cette accusation implicite de lâcheté sera corroborée, par la suite, par Krogstad : « Ça ne ressemble vraiment pas à mon bon Torvald Helmer de montrer tant de courage viril… » (*ibid.*, p. 152). La justesse du regard de ces deux personnages devient patente si l'on compare les illusions que se fait sa femme à son sujet (« Vous savez à quel point Torvald m'aime. Pas un instant, il n'hésiterait à donner sa vie pour moi », *ibid.*, p. 145) et la réalité de sa réaction finale (« Mais il n'existe personne qui sacrifie son *honneur* pour l'être qu'il aime », III, p. 222). Aussi la figure de Rank est-elle non seulement celle de la clairvoyance, mais celle du courage, celle de l'homme qui regarde en face et accepte la réalité, quelque douloureuse qu'elle soit.

Pour autant, Rank n'est pas un personnage sinistre. Il perce certes de l'amertume dans ses propos (« Et devoir quitter tout cela… », II, p. 143), à l'idée que tout passe et que bientôt il sera oublié (« … et ne pas pouvoir laisser même un petit signe de reconnaissance, à peine un manque passager… rien d'autre qu'une place vide qui sera prise par le premier venu », *ibid.*, p. 143-144). Mais sa résignation tragique se résorbe dans un grand éclat de rire : « Oui, par ma foi, il n'y a rien d'autre à faire que de rire » (*ibid.*, p. 139). Ce rire, il le partage avec Nora, dont il doit juger moins sévèrement les illusions parce qu'elle ne se prend pas trop au sérieux elle-même (« J'ai tellement envie de dire des folies aujourd'hui », *ibid.*, p. 140). Rank s'éclipse discrètement pour finir ses jours, afin de ne pas alourdir la vie des autres : « Dès que j'aurai la pleine assurance du pire, je vous enverrai ma carte de visite avec une grande croix dessus » (*ibid.*, p. 138).

Une seconde chance ? Le consentement à la vie

La résignation n'est peut-être pas cependant la seule figure de l'acceptation dans la pièce. Le théâtre d'Ibsen semble certes à première vue très pessimiste : les personnages d'*Une maison de poupée* ne paraissent pas très enclins à accorder leur pardon à ceux qui se sont fourvoyés, comme s'ils ne croyaient pas à la possibilité qu'un homme s'amende, change. Il est vrai que Helmer, pourtant si inflexible et soucieux de probité, hasarde un bref : « Je ne manque pas de cœur au point de condamner inconditionnellement un homme pour un acte de ce genre. [...] Plus d'un peut moralement se relever, s'il confesse ouvertement son crime et subit sa peine » (I, p. 110), mais peut-être est-ce moins parce qu'il envisage réellement cette possibilité que parce qu'il ne veut pas renvoyer de lui une image trop cruelle, car à peine cette brève concession faite, il la conclut de façon abrupte : « Mais ce n'est pas le chemin qu'a choisi Krogstad » (*ibid.*). Quant au docteur Rank, il est plus sévère encore, jugeant Krogstad « pourri jusqu'aux racines », raillant son « extrême importance à vouloir vivre » (*ibid.*, p. 81). Il ne souhaite pas que la société laisse une seconde chance à ces individus : « C'est ce genre de considération qui transforme la société en hôpital » (*ibid.*). Le début de la pièce nous installe donc dans un monde où l'erreur et la faute ne sauraient guère être tolérées.

Ibsen a évoqué, dans deux autres pièces et sous un angle un peu différent, ce refus de tout compromis, de toute concession. Dans *Brand* (1866), il pousse la logique du refus des concessions à son aboutissement radical : le pasteur Brand laisse sa mère mourir sans les derniers sacrements, car elle ne veut céder aux pauvres, sur son lit de mort, que la moitié de ses biens quand lui-même voudrait l'obliger à en céder la totalité. La « mission », la tâche vitale (*livsopgave*) que se donne ce personnage épris d'absolu implique une stricte obéissance aux principes qu'il s'est donnés. Une motivation semblable se retrouve dans *Le Canard sauvage* (1884) : l'idéaliste Gregers Werle dévoile tous les secrets de famille de ses hôtes par foi en la vérité, mais cela mène les époux à la séparation et leur jeune fille âgée de quatorze ans au suicide...

Ainsi donc, si Ibsen ne voit pas d'un bon œil la morale conformiste, fondée sur les seules apparences, que suivent les personnages d'*Une maison de poupée*, ce n'est pas pour faire l'éloge du culte de la vérité absolue. Il semble déplorer, dans l'un et l'autre cas, une même absence de souplesse et, finalement, d'empathie et de compréhension. Est-ce à dire qu'il défend une sorte de tolérance pour le mensonge (éventuellement le mensonge par omission) ? Il semble en tout cas qu'il l'estime préférable, parfois, non pour sauver les apparences, mais pour protéger les relations humaines et la vie. L'attitude de Nora Helmer, qui multiplie les mensonges et les masques afin de garantir à ses proches un foyer heureux, va dans ce sens, alors que son époux incarne la foi austère et rigide en l'exigence de vérité : « Imagine un peu à quel point un homme conscient de sa faute doit mentir et grimacer et dissimuler de tous côtés. Il est forcé de porter des masques, y compris pour ses proches, que dis-je, y compris pour sa propre femme et pour ses propres enfants. Et se conduire ainsi devant ses enfants, c'est précisément cela, le plus épouvantable, Nora » (*ibid.*, p. 111). Ainsi, si les êtres légers comme Nora contournent les lois et se soumettent au mensonge, du plus petit (manger des macarons en cachette) au plus grave (contrefaire une signature), leurs interlocuteurs plus honnêtes se trouvent pour leur part soumis à la loi de la gravité, l'austère loi morale intérieure qui, en dépit de ses apparences vertueuses, n'est pas sans orgueil ni égoïsme.

Pourtant, les choses s'infléchissent à mesure qu'avance la pièce. Krogstad ne finit-il pas par bel et bien bénéficier d'une « seconde chance » de la part de Kristine Linde ? On sera sensible au fait que dans cette pièce, qui paraît mettre l'accent sur la dissolution du couple Helmer, se noue en parallèle une intrigue secondaire, qui voit la naissance d'un second couple. Tandis que chacun semble aspirer à échapper à la dépendance, Kristine Linde et Nils Krogstad font le choix délibéré de se lier l'un à l'autre. Ces deux personnages vivent depuis le début de la pièce sur le mode du manque. Krogstad affirme : « Quand je vous ai perdue, ce fut comme si le sol s'était dérobé sous mes pieds. Regardez-moi. À présent, je suis un naufragé sur une épave » (III, p. 178), tandis que Kristine Linde déplore : « Personne à qui me dévouer, personne qui ait besoin de moi » (I, p. 180). Ces deux personnages reconnaissent la nécessité qu'ils ont l'un de l'autre. Kristine : « Krogstad, donnez-moi quelque chose et quelqu'un pour qui travailler » (*ibid.*, p. 181). C'est qu'ils ne perçoivent pas la dépendance comme un asservissement, ni le couple comme un moyen d'aliéner l'un des deux partenaires au profit de l'autre. Ils y voient au contraire un moyen de se transformer (« Vous laissiez entendre tout à l'heure qu'avec moi vous auriez pu devenir autre », *ibid.*). Leur relation est une relation adulte, où l'un et l'autre aspirent à se grandir : « Nous avons tous les deux besoin l'un de l'autre, Krogstad. J'ai confiance en ce qu'il y a de plus profond en vous... Avec vous je n'ai peur de rien » (*ibid.*, p. 182). Ces deux personnages, renonçant à tout fantasme d'indépendance comme de toute-puissance, sont véritablement non plus dans le *renoncement*, mais dans le *consentement* à la vie. C'est pourquoi leur relation est grosse d'avenir.

HELMER, PATRIARCHE DANS LA « MAISON DE POUPÉE » : LE DÉPART DE NORA

Helmer, en dépit de son dégoût (« Oh ! Quel abîme ! quelle laideur que tout cela ! Pouah ! », III, p. 205) et de ses prétentions à ne pas faire de compromis, finira par accorder à Nora son pardon et lui accordera une seconde chance. Pourquoi ce geste n'a-t-il pas le même effet que la main tendue de Mme Linde à Krogstad ? La raison est au moins double.

D'une part, Nora ne se reconnaît pas vraiment coupable. Pour la loi des hommes peut-être, mais elle la récuse au nom de sentiments plus hauts et plus nobles. Si elle éprouve de la honte, c'est surtout en raison du regard que Helmer risque de poser sur elle, du moins jusqu'à leur confrontation, et jusqu'à ce que son mari révèle sa vraie nature de lâche. On peut même se demander si, dans une certaine mesure, son secret, son mensonge n'a pas constitué pour elle une première forme d'émancipation. Elle se dérobait enfin un peu à la tutelle de son mari et entreprenait quelque chose par elle-même dont il lui semblait qu'elle pouvait tirer un certain mérite. Ne s'en est-elle pas ouverte la première fois à Mme Linde avec un peu de forfanterie ? « Eh bien, que dis-tu de mon grand secret, Kristine ? Est-ce que, moi aussi, je ne suis pas bonne à quelque chose ?... » (I, p. 73).

D'autre part, le pardon de Torvald n'est pas un véritable pardon. Il n'est en effet pas accordé par un mouvement intérieur, mais résulte de l'irruption d'une seconde lettre qui annonce à Helmer que les apparences auxquelles il tient tant seront sauvées, Krogstad renonçant à ses menaces. Sa réaction est purement égoïste : « Je suis sauvé ! Nora, je suis sauvé ! » (III, p. 208). La tempête passant au large, le déni peut faire son retour : « Nous ne garderons aucun souvenir de ces horreurs » (*ibid.*). Plus encore, le pardon devrait être un acte d'amour, or il est chez Helmer un acte de pouvoir, consenti d'en haut, par lequel il croit même renforcer son emprise : « Je t'ai pardonné », répété par six fois (*ibid.*, p. 209-210). Il est magnanime pour mieux enfermer Nora dans son rôle d'épouse subalterne : « C'est pour un homme une telle douceur, une si grande satisfaction que d'avoir pardonné à sa femme du fond du cœur... de lui avoir pardonné d'un cœur entier et sincère. Ainsi, elle lui appartient doublement, en quelque sorte : il l'a, pour ainsi dire, remise au monde, elle est devenue, d'une certaine façon, à la fois son épouse et son enfant. » En quoi Helmer s'assimile inconsciemment à la figure du père par excellence : celui de Nora, mais aussi celle de Dieu créateur, confondant des modes relationnels (divinité, paternité et épousailles) qu'il conviendrait pourtant de distinguer. Mais l'enjeu, à ce moment-là, n'est plus entre eux celui de la faute et du pardon.

Nora a en effet pris une grave décision avant même que Helmer ne lui pardonne. Ainsi son « Oui, maintenant, je commence à comprendre » (*ibid.*, p. 205) prend-il un double sens : elle ne répond pas seulement à Helmer, elle prend conscience du poids que fait peser sur elle sa situation, à présent que la menace de Krogstad ne fait plus écran. Elle accepte finalement ce qu'elle savait déjà. En effet, dès le premier acte elle affirmait avec lucidité : « avec son amour-propre masculin, quelle torture, quelle humiliation pour lui de savoir qu'il me devrait quelque chose. Ça aurait complètement bouleversé nos rapports » (I, p. 73). Elle connaissait déjà sa situation, elle s'en accommodait, voire elle la désirait. Mais à présent que le vrai visage de Helmer s'est révélé à elle, dans toute l'ampleur de sa rigidité (« Il ne m'est pas venu à l'idée un seul instant que tu pourrais te plier aux conditions de cet homme », III, p. 221), cette acceptation passive ne peut plus être, le déni lui est définitivement refusé.

La signification du titre éclate alors avec évidence : *Une maison de poupée*[1]. Dans *L'Union des jeunes*, pièce qu'Ibsen a publiée en 1869, une jeune femme, Selma, se plaignait d'être considérée comme une poupée. Nora dresse un constat similaire : « Notre foyer n'a jamais été rien d'autre qu'une salle de récréation. Ici, j'ai été ton épouse-poupée, tout comme à la maison, j'étais l'enfant-poupée de papa. Et mes enfants, à leur tour, ont été mes poupées. Je trouvais divertissant que tu te mettes à jouer avec moi, tout comme ils trouvent divertissant que je me mette à jouer avec eux. Voilà ce qu'a été notre mariage, Torvald » (*ibid.*, p. 214).

1. Peut-être faut-il rappeler que « maison de poupée » (le jouet, la maison *pour* poupées) se dit *dukkehus* ou *dukkestue* (*hus* comme le mot allemand *Haus*), alors que le terme employé par Ibsen (*Et Dukkehjem*) est bien une métaphore : il désigne un foyer agréable, coquet, confortable.

Cette image de la poupée parcourt la pièce depuis son début. Toutefois, lorsqu'elle montre les cadeaux de Noël à son mari – jouets liés à la guerre pour les garçons, objets liés à l'activité domestique pour la fille, comme il se doit –, Nora signale que la poupée est là en de mauvaises mains. Elle dit au sujet de ce présent : « Et voici une poupée avec un lit pour Emmy ; il est tout simple, bien sûr. De toute façon, elle le mettra sûrement bientôt en pièces » (I, p. 49-50). Ne faut-il pas voir, dans cette remarque anodine, une préfiguration du propre geste de Nora, qui, en claquant la grille de la maison, finira elle aussi par mettre en pièces la « salle de récréation » dans laquelle elle se voyait enfermée pour toujours ? Comme elle le reconnaît, Nora a aussi considéré ses propres enfants comme des jouets : « Ma mignonne petite poupée ! (*Elle prend la plus petite à la bonne d'enfants et danse avec*) [...] Non, laisse-moi faire, Anne-Marie, je veux les déshabiller moi-même. Oh si ! laisse-moi ! C'est si amusant » (*ibid.*, p. 89). Est-ce à dire que, pour Ibsen, toutes les femmes sont enfermées depuis leur enfance dans le rôle de poupée ? Probablement que non, car Kristine Linde, quoique femme, a su, elle, grandir et s'émanciper : « J'ai appris à agir raisonnablement. La vie et l'amère nécessité me l'ont appris » (III, p. 179). En ce sens, Nora n'est pas étrangère à sa servitude, mais elle aspire à ce qu'elle cesse. Elle aspire à se former, à s'éduquer, ce qui semble avoir été le parcours de Kristine, par nécessité certes, mais avec succès.

Le pauvre Torvald concède alors : « Il y a quelque chose de vrai dans ce que tu dis... tout exagéré et outré que ce soit. Mais dorénavant, cela changera. Le temps de la récréation est passé, voici maintenant le temps de l'éducation » (*ibid.*, p. 214). C'est qu'il ne semble pas comprendre l'enjeu véritable qui est celui de Nora : celle-ci aspire bel et bien à l'éducation, mais non celle que pourrait lui prodiguer un maître, supérieur à elle – Torvald gardant ainsi l'ascendant. Elle aspire à s'éduquer par ses propres moyens, c'est-à-dire à s'émanciper, à devenir un être libre qui pourra alors seulement s'entretenir d'égal à égal avec un homme, au sein d'un couple. Tel est le sens de son vœu : « Que notre vie commune devienne un vrai mariage » (*ibid.*, p. 226). Si elle ne semble pas croire ce vœu réalisable, c'est que Torvald ne parvient pas à comprendre ce à quoi elle aspire : « Il faut que je veille à m'éduquer moi-même. Et cela, tu n'es pas homme à m'y aider » (*ibid.*, p. 215). Nora ne refuse pas l'idée de couple en soi, mais elle ne croit plus possible une relation saine qu'entre des êtres mûrs et émancipés. Et elle constate que Helmer n'est peut-être pas plus mûr qu'elle-même : « tu ne penses pas, tu ne parles pas comme l'homme que je pourrais suivre » (*ibid.*, p. 222). Elle ne peut donc plus vivre dans la « maison de poupée ».

Au moment où son mari découvrait la lettre, Nora s'apprêtait à fuir son foyer la tête courbée par la honte (*ibid.*, p. 203) ; quelques instants plus tard, elle le quittera délibérément, la tête haute, affranchie : « Je crois que je suis d'abord et avant tout un être humain, au même titre que toi… ou en tout cas, que je dois essayer de le devenir » (*ibid.*, p. 218).

4. Une pièce ouverte

Ambiguïté générique de la pièce

Une maison de poupée a fait polémique à sa création. Ibsen y soulève en effet des questions sensibles pour la société de son temps. Toutefois, il ne s'agit pas d'une pièce à thèse, dans la mesure où le dramaturge choisit d'en faire une œuvre ouverte, conformément à ce que souhaitait Georg Brandes, qui appelait de ses vœux des œuvres littéraires posant des questions plutôt qu'assénant des réponses. Cette ouverture se manifeste tout d'abord dans sa composition souple.

La stratégie narrative d'Ibsen consiste en effet à maintenir longtemps des possibles : Helmer pourrait ne pas lire la lettre ; Krogstad pourrait renoncer au chantage ; Kristine Linde pourrait, en épousant Krogstad, lui céder le poste qu'elle vient d'obtenir ; ou bien Helmer pourrait revenir sur sa décision et rendre à Krogstad son poste… S'installe une forme de suspense continu, les revirements, les allers et venues, les conversations enchâssées (Nora parle à Kristine qui parle à Krogstad qui parle à Nora…) s'enchaînant à un rythme soutenu dans une pièce qui ne contient que trois actes.

À quel genre théâtral pourrait-on rattacher *Une maison de poupée,* dont le sous-titre « drame » reste vague et peu contraignant à l'époque ? La réponse pourrait varier selon les actes. La pièce s'ouvre pour ainsi dire sur une comédie de mœurs (le mari conservateur mais aimant, la femme légère et charmante, un salon bourgeois à la veille des fêtes de fin d'année). Certains passages ne manquent pas d'humour, comme l'échange entre Nora et le docteur Rank au sujet du régime alimentaire du père de ce dernier (II, p. 139). À certains moments, elle pourrait presque tourner au vaudeville : Kristine Linde ne soupçonne-t-elle pas les intentions du docteur Rank (« Mais où veut-il en venir, ce beau monsieur ? », *ibid.*, p. 125), l'« ami de la famille » présent chaque jour et dont elle imagine qu'il peut être celui qui a prêté de l'argent à Nora ? Nora elle-même, qui grignote en cachette de son époux des macarons par gourmandise, ne dissimulerait-elle pas d'autres secrets moins avouables ? La pièce se détourne tout à fait de cette voie lorsque Nora réprouve pesamment la confession amoureuse du docteur Rank : « Non, mais de me l'avoir dit. Ce n'était absolument pas nécessaire… » (*ibid.*, p. 146). Et de fait, lors de leur querelle, Helmer lancera un : « Pas de comédie » (III, p. 205) qui peut s'entendre en un double sens.

À d'autres moments, c'est un réalisme austère qui transparaît, par exemple à travers l'exposé des difficultés financières rencontrées par Kristine Linde. La pièce déborde même le mélodrame, se faisant drame noir sur fond de chantage et de sacrifice[1] : on croise traître et maître chanteur, Nils Krogstad, des femmes qui se sacrifient, Nora et Mme Linde, un mari insensible et égoïste, un ami mourant… Le dernier dialogue entre les époux vire à la tragédie moderne : alors que tous les dangers disparaissent autour d'eux, l'incompréhension mutuelle persistante entre Torvald et Nora pousse cette dernière à partir, pour gagner sa liberté, pour s'éduquer, pour se réaliser enfin. Dans son adaptation d'*Une maison de poupée* sous le titre *Nora*, le metteur en scène allemand Thomas Ostermeier pousse cet aspect plus loin encore, puisqu'on y voit le personnage féminin tirer des coups de feu sur son époux, puis quitter le domicile conjugal – peut-être une réminiscence d'*Hedda Gabler*. Nora, l'alouette versatile selon son époux, congédie donc le vaudeville dans le goût de Scribe tel qu'a pu le populariser en Norvège Bjørnstjerne Bjørnson, qui innervait ses drames noirs de coups de théâtre dans la veine vaudevilliste.

La pièce mêle les genres. Qu'on en juge plutôt par les fins de ses trois actes : à la fin de l'acte I, l'ambiance est au mélodrame, bordé de vaudeville ; le traître Krogstad menace Nora, qu'un concours de circonstances (le retour de Kristine Linde) a malencontreusement amenée à contribuer à destituer de son emploi au profit de l'amie nécessiteuse. L'issue de l'acte II est au drame dumasien : l'époux a connaissance des malversations de son épouse qui sont autant de sacrifices par amour. L'acte III semble répondre aux exigences de tous ces genres : les regrets du traître qui s'amende sur sollicitation d'une belle âme et par amour dénouent le mélodrame ; le retrait du docteur Rank évacue la tentation du vaudeville tout en rappelant les valeurs du drame romantique, voire de la tragédie (il avoue son

1. Voir à ce propos : « Du mélodrame à la tragédie », dans Yves Chevrel, *Henrik Ibsen. « Maison de poupée »*, *op. cit.*, p. 31 à 36.

amour et sort de scène pour mourir) ; le « pardon » de Torvald Helmer enfin pourrait conclure dans le goût de Dumas pour les fins édifiantes de reconnaissance mutuelle : mais il n'en est rien, et Ibsen choisit un dernier revirement, une « rupture de rythme brutale » qui refuse le « dénouement facile [1] ».

Une fin ouverte, des personnages libres

De « dénouement facile », en effet, il ne devait point y avoir. Les circonstances en ont temporairement décidé autrement. En son temps, les convenances morales ont obligé Henrik Ibsen à ajouter une dernière scène pour la première représentation allemande d'*Une maison de poupée*. Cette fin alternative tranche avec le laconisme de la version originale, dans laquelle Nora affirme : « Je ne veux pas voir les petits. Je sais qu'ils sont en de meilleures mains que les miennes. Telle que je suis maintenant, je ne peux pas être une mère pour eux » (III, p. 224). Qu'on en juge :

Helmer

Eh bien, pars ! (*La prenant par le bras*.) Mais il faut d'abord que tu voies tes enfants pour la dernière fois !

Nora

Lâche-moi ! Je ne veux pas les voir ! J'en suis incapable !

Helmer,
(*en l'entraînant vers la porte de gauche*)

Il faut que tu les voies ! (*Ouvre la porte et dit à voix basse :*) Tu vois, ils dorment là-bas d'un sommeil tranquille et paisible. Demain, quand ils se réveilleront et qu'ils appelleront leur mère, ce seront des enfants… sans mère.

---

1. *Ibid.*, p. 34. Le critique ajoute p. 35 : « Avec *Maison de poupée* Ibsen ne joue pas le jeu du théâtre tel qu'il est pratiqué par la plupart de ses contemporains. »

NORA
(*en tremblant*)

Sans mère ! (*Lutte intérieure, puis elle laisse tomber son sac de voyage et dit :*) Oh ! je préfère commettre un péché contre moi-même, mais je ne peux pas les abandonner.
Elle s'effondre à moitié devant la porte.

HELMER
(*l'air joyeux, mais à voix basse*)

Nora[1] !

Ce choix du retour au foyer conjugal, Nora n'est pas la seule à le faire : Élisabeth, l'héroïne de *La Révolte* de Villiers de L'Isle-Adam en 1870 (la pièce fut reproduite dans une revue en 1877), après avoir quitté un époux obtus, revient sur sa décision. La question du mariage contraint était donc déjà pleinement posée au moment de la rédaction puis de la création d'*Une maison de poupée.* Les *Mémoires de deux jeunes mariées* de Balzac avaient ouvert la voie dès 1841. Mais il est vrai qu'elle a trouvé dans le « mythe Nora » un personnage désormais emblématique.

La postérité a toutefois préféré retenir la première version de la pièce, celle que préférait également Ibsen. Dans celle-ci en effet, il se garde de donner des indications précises sur l'avenir du couple Helmer, et surtout sur l'avenir de Nora. Derrière la fermeté de sa décision finale se profile l'incertitude des conséquences qu'elle aura (III, 224) :

HELMER

Mais un jour, Nora… un jour ?

---

1. Ce texte dont la version originale est en allemand a été traduit et reproduit par P. G. La Chesnais dans son édition des *Œuvres complètes* d'Ibsen (*op. cit.*, t. XI, p. 645). Ibsen a de surcroît adressé une lettre en février 1880 à la *Gazette nationale danoise* pour protester que cette modification constituait une « violence barbare » exercée contre sa volonté.

NORA

Comment puis-je le savoir ? Je ne sais absolument pas ce que je deviendrai.

Dans sa mise en scène à Stuttgart en 1972, Hans Neuenfels a souligné cette indétermination. Nora, à la fin de la pièce, ne sort pas par la porte mais par la fenêtre, hésitante et fuyante, comme poursuivie par un regard. Et si Nora n'était pas si sûre d'elle ?

Il est si vrai que la fin d'*Une maison de poupée* est ouverte et permet de laisser libre cours à son imagination que plusieurs auteurs ont livré leurs conjectures personnelles à ce sujet, certains en la prolongeant même : ainsi, l'écrivain danois Ernst Bruun Olsen, en 1968, imagine dans la comédie *Où Nora est-elle allée lorsqu'elle est partie ?* que la jeune femme s'est impliquée dans le mouvement ouvrier, tandis qu'Elfriede Jelinek la fait travailler en usine, dans *Ce qui arriva quand Nora quitta son mari*, en 1977.

5. À PROPOS DES MISES EN SCÈNE

Plusieurs pièces d'Ibsen ont fait l'objet de mises en scène demeurées célèbres. Les plus grands metteurs en scène et les plus fameux acteurs en France, en Italie, en Allemagne, au Royaume-Uni ont participé, par leurs interprétations, au rayonnement du patrimoine ibsénien : il y a eu, à titre d'exemple, l'interprétation d'*Hedda Gabler* par Eleonora Duse (Paris, 1905), la mise en scène de cette même pièce par Ingmar Bergman (Stockholm, 1967), celle de *Peer Gynt* par Patrice Chéreau (1981).

Pour *Une maison de poupée*, on peut citer, sans prétendre à l'exhaustivité :

– 1921, mise en scène de Vsévolod Meyerhold au théâtre de l'Acteur à Moscou (avec, parmi les assistants stagiaires, Sergueï Eisenstein) ; le metteur en scène russe ajoute un sous-titre à la pièce : « L'histoire de Nora Helmer ou comment une femme a préféré au poison de la famille bourgeoise l'indépendance et le travail[1]. »

– 1925, au théâtre de l'Œuvre à Paris, mise en scène de Lugné-Poe qui tient également le rôle de Helmer (dont « il suggère avec discrétion ce qu'il y a de vanité satisfaite et ridicule dans le rôle[2] ») tandis que son épouse, Suzanne Desprès, joue Nora. La pièce est représentée dans la traduction du comte Prozor. Lugné-Poe a mis la pièce au répertoire de son théâtre dès 1906.

– 1930, au théâtre de l'Œuvre à Paris, les Pitoëff proposent *Maison de poupée*, mise en scène dans laquelle Georges Pitoëff joue le rôle du docteur Rank.

– 1953, à la Comédie Caumartin à Paris, mise en scène de Jean Mercure avec Danièle Delorme ; la comédienne a joué l'année précédente le rôle-titre de *Colombe* de Jean Anouilh et incarne une Nora enfantine, fragile et tourmentée.

– 2004, à la Schaubühne am Lehniner Platz à Berlin, mise en scène de Thomas Ostermeier sous le titre *Nora* ; le metteur en scène transpose la pièce à l'époque actuelle, dans un loft minimaliste où Torvald Helmer filme constamment sa famille, intensifiant ainsi la surveillance dont il entoure son épouse. Ostermeier modifie en outre la danse de la tarentelle et surtout l'issue du drame : Nora tue son mari.

– 2009-2010, au théâtre Nanterre-Amandiers, mise en scène de Jean-Louis Martinelli, avec Marina Foïs dans le rôle de Nora : le metteur en scène voit dans la pièce « une exhortation à se tenir debout » et propose une Nora vive et désireuse de s'épanouir.

– 2009, au théâtre de la Colline à Paris, Stéphane Braunschweig installe un dispositif scénique dans lequel

1. Cité par Gérard Abensour, *Vsévolod Meyerhold ou l'invention de la mise en scène*, *op. cit.*, p. 318.

2. Jacques Robichez, *Lugné-Poe* (1955), Eurédit, « Théâtre du monde entier », 2015, p. 24.

une boîte blanche, qui n'occupe qu'une petite partie du plateau, figure l'enfermement[1].

– 2010-2011, au théâtre de la Madeleine à Paris, mise en scène de Michel Fau, avec Audrey Tautou dans le rôle de Nora, corsetée et entravée dans une robe de poupée qui sautille et s'agite comme une enfant impatiente, capricieuse mais aussi manquant d'espace pour se mouvoir.

Deux adaptations cinématographiques de renom, déjà signalées dans ce dossier, méritent d'être rappelées ici (Losey, Fassbinder) ainsi que la suite donnée à la pièce par la dramaturge et romancière Elfriede Jelinek (*Ce qui arriva quand Nora quitta son mari*).

Florence FIX

1. On pourra consulter avec profit Stéphane Braunschweig, *Mettre en scène et scénographier Ibsen* (Strasbourg, Université Marc-Bloch, « Cahiers recherche », 2005) mais ce volume, présenté par Geneviève Jolly, a pour objets *Brand*, *Peer Gynt* et *Les Revenants*.

CHRONOLOGIE

1828 : le 20 mars : Naissance de Henrik Johan Ibsen à Skien, il est fils de Knud Plesner Ibsen et de Marichen Cornelia Marie Altenburg Ibsen, tous deux de bons milieux bourgeois moyens. Il est l'aîné de cinq enfants (avec Johan, 1830, Hedvig, 1832, Nicolai, 1834 et Ole, 1835).

Son père est un homme d'affaires qui fera bientôt faillite et devra déménager à Ventsop, en 1835.

1843 : Vers Noël, après avoir été confirmé, le 1er octobre, sur les conseils de son père, Ibsen s'en va à Grimstad pour être garçon apothicaire chez le pharmacien J.A. Reimann. Il y restera un peu plus de six ans (1843-1850).

1846 : En été, Reimann cède son affaire à Lars Nielsen qui va s'installer dans des quartiers plus agréables, trouver une échoppe plus grande et améliorer le traitement d'Ibsen.

Cette même année, Ibsen ayant eu une liaison avec une servante de la pharmacie, Else Sofie Jensdatter, un enfant, Hans Jakob Henriksen, naît le 9 octobre (il mourra le 5 juin 1892). Les jeunes gens n'ont pas l'intention de se marier, mais Ibsen devra verser fort longtemps à Else une pension alimentaire.

1848 : Ibsen travaille à *Catilina* et à des poèmes : il en publiera de nombreux pendant toute la première partie de sa vie. La révolution française de 1848 le marque profondément et sera certainement responsable du premier état de son inspiration.

1849 : Il publie ses premiers poèmes, « Résignation » et « Automne ». Le motif central de toute son œuvre y est déjà présent : l'opposition de la « vocation » et du doute. Le Théâtre du Christiania (Oslo) refuse de jouer *Catilina*.

1850 : Au printemps, Ibsen quitte Grimstad et va se fixer pour un temps (1850-1851) à Christiania. Avant de quitter Grimstad, il a fait publier *Catilina*, sous le pseudonyme de Brynjolf Bjarme, grâce aux subsides qu'ont réunis quelques-uns de ses amis. La pièce ne sera jouée pour la première fois qu'en 1881, à Stockholm ! Avec une lourdeur typique d'un débutant, elle pose les grands problèmes qui sous-tendront toute l'œuvre :

> La vie n'est-elle pas un constant combat
> Entre les forces hostiles de l'âme...
> et ce combat est la véritable vie de l'âme...

Il a décidé de devenir étudiant. Pour ce faire, il fréquente une sorte de « boîte à bachot » dirigée par un certain H. Heltberg. Il obtient son examen, sous réserves, en septembre, malgré des notes lamentables en grec et en arithmétique.

Il fait jouer au Théâtre de Christiania *Le Tertre des guerriers (Kjoempehøien)*, toujours sous le pseudonyme de Brynjolf Bjarme. C'est la première pièce où il se réclame du romantisme nationaliste.

Avec A.O. Vinje et Paul Botten Hansen, il édite une revue, « Andhrimner » où il publie bon nombre de poèmes et où il prodigue les articles de critique théâtrale, visiblement sous l'influence du grand maître danois du genre, J.L. Heiberg. Il écrit également pour « Samfundsbladet » et il s'adonne à la peinture. On ne sait pas qu'Ibsen est un grand peintre, auteur au total d'une soixantaine de toiles (aquarelles et huiles) qui sont d'ordinaire des paysages. Il semble qu'il ait cessé de peindre en 1863, probablement pour se consacrer exclusivement à son œuvre dramatique.

1851 : Il publie *Norma*, un opéra parodique encore intitulé « Les amours d'un politicien » qui préfigure *L'Union des Jeunes*.

Il s'intéresse à la politique et au syndicalisme naissant, notamment au mouvement de Marcus Thrane, fondateur du socialisme norvégien. Il assiste à de nombreux meetings et manifestations. Ce ne sera pourtant jamais un homme « de gauche », du moins en fait !

Il est remarqué par le célèbre violoniste Ole Bull, qui fait engager Ibsen par le Théâtre norvégien (Det Norske Theater) de Bergen (fondé en 1850) comme assistant metteur en scène. Ibsen prend ses fonctions le 26 octobre — il restera à Bergen six ans (1851-1857).

1852 : Ses nouvelles fonctions vont lui valoir d'être envoyé au Danemark, puis en Allemagne (Hambourg et Dresde), étudier ce que nous appellerions aujourd'hui la scénographie. Il y gagne surtout de découvrir, en Allemagne, le livre de Hermann Hettner, *Das moderne Drama*, où il va puiser la plupart de ses règles d'écriture dramatique et de ses principes de composition. C'est au cours de ce déplacement qu'il écrit *La Nuit de la Saint-Jean.*

1853 : Il fait jouer, à Bergen, *La Nuit de la Saint-Jean* (*Sancthansnatten*). C'est un échec.

Il tombe amoureux de Rikke Holst, dédicataire de plusieurs de ses poèmes. L'idylle n'aura pas de suites.

1854 : Il donne, toujours à Bergen, une version revue du *Tertre des guerriers.*

1855 : Il fait jouer, à Bergen, *Dame Inger d'Østraat* (*Fru Inger til Østraat*) tragédie à sujet historique, sa première pièce réellement importante, écrite selon les meilleures normes classiques et dictée, quant à la facture, par « la pièce bien faite » de Scribe qu'admirait beaucoup Ibsen.

1856 : Grand succès de *Le Banquet de Solhaug* (*Gildet på Solhaug*) qui est une sorte de féerie fondée sur des motifs populaires.

C'est cette année-là qu'Ibsen fait la connaissance de Susanna (ou Suzannah) Thoresen, belle-fille de Magdalene Thoresen, un écrivain connu. Susanna sera sa femme deux ans après.

Avec un ami, il fait, pendant l'été, une très longue excursion à pied afin de découvrir le trésor des chants et légendes populaires de son pays. On en trouvera un écho évident dans *Peer Gynt.*

1857 : *Olaf Liljekrans* n'est pas apprécié du public du Théâtre de Bergen. C'est pourtant un texte très proche du *Banquet de Solhaug* : tous deux sortent des *Ballades populaires norvégiennes* de M. Brostrup Landstad (1853) : au demeurant, le genre de la ballade populaire médiévale (*folkevise*) va servir de source durable d'inspiration à Ibsen : *Peer Gynt* lui doit le meilleur de lui-même. Ibsen fait d'ailleurs une conférence pour une société savante, sur le thème « De la folkevise héroïque ».

Au cours de l'été, le Théâtre de Christiania lui offre un poste de directeur artistique, qu'il accepte, en août.

Henrik Ibsen et Susanna Thoresen se fiancent.

1858 : Ibsen va demeurer à Christiania (qui deviendra Kristiania, puis Oslo) pendant presque sept ans (fin 1857 à début 1864).

Il fait jouer à Christiania une pièce pour laquelle il s'est directement inspiré des sagas islandaises, notamment de

Völsunga saga, Les Guerriers à Helgeland (*Hærmændene paa Helgeland*). Un motif qui sera récurrent s'y manifeste : celui de l'homme pris entre deux femmes, deux conceptions de l'amour et de la vie. La pièce obtient un grand succès.

Le 18 juin, il a épousé Susanna Thoresen, femme énergique et dominatrice qui jouera un rôle certain dans la réussite et le comportement de son mari.

1859 : Avec B. Bjørnson, il fonde la Société norvégienne chargée de développer la diffusion de la culture locale.

Le 23 décembre, Sigurd Ibsen, son seul fils et enfant légitime, naît.

1860 : Période très sombre pour l'écrivain. Il a demandé au gouvernement une bourse pour aller s'initier aux techniques théâtrales dans les grandes capitales européennes, et ne l'a pas obtenue. Le Théâtre de Christiania a les plus grandes peines à subsister et l'on met en doute la gestion d'Ibsen. Le dramaturge boit, se débauche, doute de sa propre vocation, la fatigue l'accable.

1861 : La situation ne s'améliore pas. Ses ennemis exigent sa démission, il se cramponne à son poste. Mais il connaît des états dépressifs qui le mènent à plusieurs reprises au bord du suicide.

1862 : De nouveau, il a demandé des subsides pour se rendre à l'étranger, en vain : la somme qu'il reçoit est notoirement insuffisante. Il compose tout de même deux de ses meilleurs poèmes, « Paa Vidderne » (Sur les hauts-plateaux, premier jet, 1859) et surtout « Terje Vigen » (a pu être écrit à la fin de 1861, c'est le nom d'un personnage héroïque) qui préfigure *Brand.*

Le Théâtre de Christiania fait faillite, ce qui met Ibsen au chômage. Il obtient une petite bourse pour aller collationner des légendes populaires : il se rend dans le Sogn, le Nordfjord et le Sunnmøre à cette fin. Nous en retrouverons des échos dans *Peer Gynt.*

Pour l'extrême fin de l'année, il publie *La Comédie de l'amour* (*Kjærlighedens Komedie*) qui pose en termes kierkegaardiens l'opposition entre une conception « esthétique » et une « éthique » de la vie. L'accueil fait à cette œuvre est froid. Ibsen se sent solitaire et incompris.

1863 : Bien que le Théâtre de Christiania ait rouvert ses portes et qu'Ibsen soit conseiller dudit théâtre, la situation ne s'améliore pas. Il doit vendre une partie de ses biens aux enchères. Il a beau demander des subventions ou des bourses de voyages à l'étranger, il n'obtient que des sommes dérisoires.

Mais la grande affaire de cette année-là est la publication des *Prétendants à la Couronne* (*Kongsemnerne*), qui sera joué au début de l'année suivante, à Christiania, dans une mise en scène de l'auteur lui-même. C'est un très grand succès et la pièce demeure, à ce jour, le meilleur drame historique qui ait jamais été écrit en norvégien. Sur des fondations historiques (islandaises et norvégiennes notamment), Ibsen a dressé l'apôtre de la vocation (le roi Haakon) contre l'homme qui doute (le jarl Skule) et a tiré de cette opposition des effets qui vont se retrouver jusqu'à la fin de l'œuvre.

Pourtant, Ibsen a décidé de s'exiler. Il est écœuré, semble-t-il, par les conditions qui lui sont faites dans son pays. Il fait une nouvelle demande de bourse qui se solde par le versement d'une somme ridicule. C'est B. Bjørnson qui organise, pour lui, une souscription qui lui permettra de partir pour l'étranger.

1864 : Il s'en va, en effet, le 5 avril, pour vingt-sept ans ! Il se rend d'abord à Copenhague, puis Lübeck, Berlin, Vienne et enfin Rome où il sera rejoint par sa femme et leur fils en automne. Il est bien déterminé à fustiger la veulerie de ses compatriotes. Il entend le faire, d'abord, sous la forme d'un poème intitulé « Brand », que l'on appelle le Brand « épique » qui doit « éveiller le peuple et l'amener à penser grand ». Il s'agissait en même temps de faire écho à l'ouvrage similaire du Danois Frederik Paludan-Müller, *Adam Homo* (1842-1849) qui laissera également de profondes traces dans *Peer Gynt*.

1865 : De nouvelles demandes de subventions ou bourses ne sont pas mieux satisfaites que les précédentes. La vie à Rome est chère, les conditions de vie sont plus onéreuses qu'en Norvège et Ibsen a du mal à subvenir aux frais de son foyer.

1866 : *Brand* est publié en mars. Ce n'est pas une vraie pièce de théâtre (tout comme *Peer Gynt*), c'est un *lesedrama*, un drame destiné à être lu, sur le thème tout à fait kierkegaardien de la vocation intransigeante. L'œuvre fait en même temps d'Ibsen une sorte d'incarnation de la conscience morale de son pays : très curieusement, d'ailleurs, l'homme va « se ranger » : de tendances plus ou moins bohèmes jusque-là, il va modifier sa tenue pour devenir l'homme correct et réservé que nous livre la tradition.

La pièce ne sera représentée pour la première fois qu'en 1885 à Stockholm, puis à Copenhague en 1898 et enfin à Christiania en 1904.

Le succès de cet ouvrage est tel que le gouvernement norvégien attribue à Ibsen une subvention annuelle.

1867 : Cette année-là est surtout marquée par des voyages et des déménagements. Ibsen visite l'Italie puis va s'installer à Berchtesgaden et, de là, il se rend à Munich où il se fixe un temps.

En novembre, le 14, il publie *Peer Gynt*. Aucune œuvre n'a jamais connu un pareil succès en Norvège, le paradoxe est même que la pièce entendait s'attaquer à l'esprit de clocher des Norvégiens et que nul ouvrage n'est aussi profondément norvégien que celui-là ! Il s'agit, comme *Brand*, d'un *lesedrama*. On sait aussi qu'Edvard Grieg contribua grandement à la rendre immortelle en la mettant, à la demande d'Ibsen, en musique (création en 1876).

1868 : Le seul événement marquant de cette année-là est l'installation d'Ibsen et des siens à Dresde. Il y restera sept ans (1868-1875).

1869 : Pour l'été, il obtient du gouvernement une bourse afin d'aller étudier l'art et la littérature en Suède. Il s'y rend et est décoré par le roi Charles XV : première de toute une série de décorations pour cet homme qui en raffolait. Les honneurs, d'ailleurs, affluent et, en septembre, Ibsen sera invité à représenter son pays lors de l'ouverture du canal de Suez. Il visitera l'Egypte en novembre.

Sa mère meurt en juin.

Il publie, en septembre, une pièce écrite à Dresde l'année précédente, *L'Union des Jeunes* (*De unges Forbund*) qui marque un tournant dans sa production théâtrale. Il s'agit, en effet, d'une comédie en prose qui se déroule dans le milieu contemporain de l'auteur, selon une mode française où s'illustrent E. Scribe, E. Augier, A. Dumas fils, etc. Le sujet est tiré de la vie politique, le personnage central, Stensgaard étant un utopiste phraseur qui ressemble beaucoup à Peer Gynt : on a dit de lui que c'était « Peer Gynt politicien ». La pièce est jouée à Christiania en octobre et à Copenhague l'année suivante.

Revenu d'Egypte, Ibsen se réinstalle à Dresde.

1870 : Pas pour très longtemps : il va vivre un certain temps à Copenhague, mais reviendra à Dresde en octobre.

1871 : Publication de son unique recueil de poèmes, *Poèmes* (*Digte*) qui signifie également son renoncement à la poésie ! Désormais, en effet, il ne publiera plus rien de cette veine. Il convient de prêter attention à la production strictement poétique d'Ibsen : lui-même n'a cessé de revendiquer le caractère poétique de son inspiration, et ses grands poèmes contiennent tous les motifs centraux de son œuvre théâtrale.

Il apprend qu'il vient d'obtenir le Dannebrog, la plus grande décoration danoise.

1872 : Première traduction en langue étrangère d'une œuvre d'Ibsen. Il s'agit de *Brand*, traduit en allemand par P.F. Siebold.

1873 : Ibsen est à Vienne, il fait partie du jury de l'Exposition internationale d'art. Il est fait chevalier de l'ordre norvégien de saint Olav.

Représentation, au théâtre de Christiania, de *La Comédie de l'amour* (publiée en 1862).

Publication de ce qu'il a toujours considéré comme son *opus major*, *Empereur et Galiléen* (*Kejser og Galilæer*), en deux parties : *La Chute de César* (*Cæsars frafald*) et *L'Empereur Julien* (il s'agit de Julien l'Apostat, bien entendu, *Kejser Julian*). La pièce se souvient très fort des *Prétendants à la Couronne*, c'est une méditation sur le dualisme liberté/nécessité. L'idée profonde est qu'au royaume de l'« arbre de la connaissance » qui s'oppose au royaume de l'arbre de la Croix, il doit y avoir moyen de superposer un « troisième royaume » qui ferait la synthèse des deux précédents.

1874 : Pour la première fois depuis dix ans, Ibsen rentre en Norvège, faire un long séjour à Christiania. Il y est solennellement ovationné par les étudiants.

1875 : De nouveau, il abandonne Dresde et se réinstalle à Munich. Il passera l'été dans le Tyrol. B. Bjørnson donne ses premiers drames à sujets contemporains (*Une faillite* et *Le Rédacteur*). Leur succès n'est certainement pas étranger à la nouvelle orientation que va prendre l'inspiration ibsénienne.

1876 : Le théâtre de Christiania joue pour la première fois *Peer Gynt*. Le théâtre de la Cour de Munich donne une représentation des *Guerriers de Helgeland* : c'est la première fois qu'une pièce d'Ibsen est jouée hors de Scandinavie. Ibsen assiste à une représentation des *Prétendants à la Couronne* mise en scène par le duc de Saxe-Meiningen, Georg II.

1877 : Ibsen est membre de la société littéraire Le Crocodile, à Munich. Il est fait docteur honoris causa de l'Université d'Uppsala (Suède) en septembre.

Le père de l'écrivain meurt le 4 octobre.

Publication et représentation (au théâtre de Christiania,

au Théâtre Royal de Copenhague et au Théâtre de Bergen) des *Soutiens de la société* (*Samfundets støtter*), la première, donc, des pièces à sujets strictement contemporains. Le fond en est une violente satire sociale au nom de la vérité et de la liberté, qui devraient être les véritables soutiens de la société, alors que ce rôle est tenu par la fausseté et la morale reposant sur les apparences (*skinnmoral*). Le succès en sera considérable dans le Nord. La formule du théâtre ibsénien jusqu'à la fin de sa production est trouvée.

1878 : Ibsen est à Gossensass, en Autriche, puis en Italie, à Amalfi, où il écrit *Une maison de poupée.* Il passe la fin de l'année entre Rome et Munich.

1879 : C'est l'année de la publication (4 décembre) puis de la première, au Théâtre Royal de Copenhague (21 décembre), d'*Une maison de poupée* (et non **Maison de poupée* comme on le lit presque toujours en France : *Et dukkehjem* et non **Dukkehjem* ou **Dukkehjemmet*) qui, à elle seule, aura suffi à assurer la gloire de son auteur : c'est une splendide méditation sur le droit de la personne humaine à choisir librement son destin.

1880 : La famille Ibsen décide de se fixer à Rome afin de permettre à Sigurd Ibsen de faire ses études de droit. Ce séjour durera cinq ans (1880-1885).

Ibsen se met à rédiger une autobiographie, « De Skien à Rome » que, malheureusement, il abandonnera au bout de quelques pages.

1881 : Publication des *Revenants* (*Gengangere*), l'un des grands chefs-d'œuvre d'Ibsen. La pièce déchaîne une véritable levée de boucliers, l'auteur ayant eu l'audace d'y aborder des sujets tabous comme les maladies vénériennes, l'inceste et l'euthanasie. Bien entendu, il est traité de fou et accusé de vouloir corrompre la jeunesse. Aucun théâtre scandinave n'accepte de jouer ce brûlot.

1882 : Ibsen est maintenant une notoriété mondiale. Trait caractéristique (et qui vaudra bien plus encore pour le Suédois Strindberg, exactement à la même époque) il est bien mieux reçu en dehors de Norvège que dans son propre pays. Par exemple : on monte, en norvégien, *Les Revenants* à l'Aurora Turner Hall de Chicago, *Une maison de poupée* (sous le titre *La Femme enfant, The Child Wife*) à l'Opéra de Milwaukee (Etats-Unis).

Publication d'*Un ennemi du peuple* (*En folkefiende*) qui présente la particularité, d'une part, d'être, d'un point de vue technique, la plus faible, sans doute, des pièces

« modernes » d'Ibsen, d'autre part, quant au sujet, d'être sans conteste celle où la critique sociale et la satire des prétendus idéaux petits-bourgeois est la plus virulente. C'est là qu'est fustigée « la majorité compacte » contre laquelle l'individu libre a, par définition, toujours raison.

1883 : *Les Revenants*, obstinément refusés par les grandes scènes nationales, sont tout de même joués sur de petites scènes locales, comme à Hälsingborg (Suède), Stockholm ou, en Norvège, le petit théâtre de Møllergatan à Christiania.

1884 : est l'année de la publication du *Canard sauvage* (*Vildanden*), étrange pièce qui n'aura pas l'heure de plaire à la critique française. C'est une des rares pièces d'Ibsen qui ne se déroule pas, sauf au premier acte, en milieu bourgeois. Le personnage de Hedvig, la petite fille qui se suicide, est présenté avec une tendresse rare chez Ibsen. L'intérêt majeur de ce chef-d'œuvre tient sans doute à la montée du thème du doute paralysant, qui ruine les belles théories et les mots d'ordre flamboyants.

1885 : Pour la première fois depuis onze ans, Ibsen revient en Norvège, en été. Il y recueille des impressions qui, sans aucun doute, donneront lieu à ses pièces à venir, notamment à *Rosmersholm*.

1886 : *Rosmersholm*, que beaucoup s'accordent à tenir pour le chef-d'œuvre d'Ibsen. Le personnage de Rebekka West, notamment, dans sa souveraine ambiguïté, est une création hautement originale qui a passionné Sigmund Freud.

1888 : Publication de *La Dame de la mer* (*Fruen fra havet*), où l'inspiration populaire, avec ses thèmes intensément poétiques, s'allie à une analyse psychologique d'une rare finesse.

1889 : A Gossensass, Ibsen rencontre Helene Raff et Emilie Bardach. Pour cette dernière jeune fille surtout, il nourrira des sentiments sans équivoque mais il s'en affranchira. Toutefois, ces jeunes filles se retrouveront dans quelques-unes des héroïnes de pièces à venir, notamment dans la jeune Hilde du *Constructeur Solness*.

Une maison de poupée est jouée à Londres et à Bruxelles. *Les Revenants* inaugurent les représentations de la Freie Bühne, à Berlin.

1890 : *Les Revenants* sont donnés par Antoine au Théâtre Libre, à Paris. Publication de *Hedda Gabler*, la femme qui n'a pas su donner un sens à sa vie et qui en mourra. L'une des créatures les plus fascinantes d'Ibsen.

1891 : *Hedda Gabler* est donnée au Théâtre Royal de Copenhague puis dans les autres capitales du Nord ainsi qu'à Berlin.

1891 est la grande année où les Ibsen réintègrent enfin, et définitivement, la Norvège. Ils s'installent dans un appartement, à Christiania. Ils ne quitteront plus le pays.

Le Canard sauvage est joué au Théâtre Libre, à Paris et *Hedda Gabler* à Londres. Cette même pièce sera donnée en décembre au Théâtre du Vaudeville à Paris.

1892 : Publication du *Constructeur Solness* (*Byggmester Solness*), pièce à bien des égards transparente, sorte de confession personnelle sous forme symbolique ou allégorique.

Une maison de poupée est représentée en privé dans le salon de Mme d'Aubernon à Paris. *La Dame de la mer* est donnée par Lugné-Poe au Cercle des Escholiers à Paris.

Mort de Hans Jakob Henriksen, fils illégitime d'Ibsen. Sigurd, le fils d'Ibsen, se marie, il épouse Bergljot Bjørnson, la fille du grand écrivain et rival d'Ibsen.

1893 : *Le Constructeur Solness* est donné à Berlin, au Deutsches Theater et en Norvège, à Trondheim. Au Théâtre de l'Œuvre, à Paris, on donne successivement *Un ennemi du peuple* et *Rosmersholm*. La vogue des Scandinaves est maintenant bien assurée dans notre capitale !

Le premier petit-fils d'Ibsen naît.

1894 : Publication du *Petit Eyolf* (*Lille Eyolf*), drame conjugal peut-être un peu en retrait de la production habituelle.

Le Constructeur Solness est représenté à Paris, Théâtre de l'Œuvre, *Une maison de poupée* de même, au Théâtre du Vaudeville, avec Réjane dans le rôle de Nora. Le Théâtre de l'Œuvre donne *Rosmersholm*.

1895 : Représentation du *Petit Eyolf* au Deutsches Theater de Berlin, puis à Bergen, Christiania, Vienne, Milan et Londres, enfin à Paris, Théâtre de l'Œuvre.

Les Ibsen s'installent dans leur dernier appartement de Christiania. Ibsen y vit avec une régularité d'horloge et il entre, vivant, dans sa légende.

1896 : *Empereur et Galiléen* est joué, pour la première fois, à Leipzig. Publication de *John Gabriel Borkman*, la pièce où tout est gris, les décors et les cœurs, l'un des drames les plus complets et les plus forts d'Ibsen, où tous les grands thèmes de l'œuvre se trouvent rassemblés, avec, toutefois, une nette dominante du doute destructeur.

1897 : *John Gabriel Borkman* est joué à Helsinki, en finnois et en suédois, puis dans diverses villes norvégiennes, suédoises et danoises, enfin à Londres et à Paris (dans le salon de Mme d'Aubernon). Le Théâtre de l'Œuvre monte *La Comédie de l'amour*.

1898 : Pour ses soixante-dix ans, Ibsen est l'objet de nombreuses manifestations un peu partout dans le monde. En Norvège (Christiania) et en Allemagne (Berlin), on lance une édition complète de ses œuvres. Les représentations de ses pièces se multiplient un peu partout. À Paris, représentation de gala d'*Un ennemi du peuple*, au Théâtre de la Renaissance, avec des figurants bénévoles comme Gregh, L. Tailhade et Tristan Bernard. Le Théâtre de l'Œuvre donne *Les Soutiens de la Société*.

1899 : Le Théâtre d'Art de Moscou donne *Hedda Gabler*. Publication de *Quand nous, morts, nous réveillerons* (*Når vi døde vågner*), la dernière pièce d'Ibsen, très symptomatiquement sous-titrée « épilogue dramatique ». Une ambiguïté poignante domine ce drame désespéré où le culte du beau idéal et les réalités mortelles s'affrontent à travers un sculpteur et son modèle.

Sigurd Ibsen devient directeur des Affaires Étrangères Norvégiennes.

1900 : *Quand nous, morts, nous réveillerons* est joué à Stuttgart, puis à Christiania, Copenhague, Stockholm, ensuite à Francfort, Leipzig, Zurich, Milan et Moscou.

Ibsen subit sa première attaque d'apoplexie, il ne peut plus écrire.

1901 : Deuxième attaque.

Son second petit-fils naît.

23 mai 1906 : Mort de Henrik Ibsen.

189[illegible] : [illegible]

[illegible]

1898 : [illegible]

[illegible]

1899 : [illegible]

[illegible]

1900 : [illegible]

[illegible]

1901 : [illegible]

[illegible]

23 mai 1906 : Mort de Henrik Ibsen.

BIBLIOGRAPHIE

Éditions

Édition de référence

L'édition scientifique standard, dont on s'est servi ici, est : Henrik Ibsen, *Samlede Verker. Hundreårsutgave* (*Œuvres complètes*, édition du Centenaire), Ved H. Koht, Fr. Bull og D.A. Seip. I-XXI, Oslo, 1928-1957. Elle contient absolument tout ce qu'Ibsen a écrit, y compris sa correspondance, avec des introductions scientifiques et un apparat critique complet, qui a été exploité dans le présent volume.

Éditions en français des œuvres d'Ibsen

Brand (1866), trad. Éloi Recoing, Arles, Actes Sud, 2004.

Le Canard sauvage (1885), trad. Régis Boyer, GF-Flammarion, 1995.

Les Douze Dernières Pièces, trad. et présentation de Terje Sinding, Imprimerie nationale, « Le Spectateur français », 1991.

Drames contemporains, trad. Moritz Prozor, Pierre Bertrand et Edmond de Nevers, présentation et notices de Vigdis Ystad, introduction et arguments de Michel Meyer, Le Livre de Poche, « La Pochothèque », 2005.

Hedda Gabler (1891), trad. Régis Boyer, GF-Flammarion, 1995.

Peer Gynt (1876), trad. Régis Boyer, GF-Flammarion, 2015.

Théâtre, trad., présentation et notes de Régis Boyer, Gallimard, « Bibliothèque de la Pléiade », 2006.

*Éditions en français d'*Une maison de poupée

Trad. Moritz Prozor, A. Savine, 1889. Première édition française.

Trad. Geneviève Lézy et Claude Santelli, Arles, Actes Sud, 1987.

Trad. Marc Auchet, Le Livre de Poche, 1990.

Trad. Régis Boyer, Gallimard, « Folio Théâtre », 2006.

Trad. Éloi Recoing, Arles, Actes Sud, 2009.

OUVRAGES CRITIQUES

Sur Ibsen et son œuvre

AGACINSKI, Sylviane, *Drame des sexes : Ibsen, Strindberg, Bergman*, Seuil, 2008.

ANDRÉAS-SALOMÉ, Lou, *Figures de femmes dans Ibsen* (1892), Michel de Miaule, 2007.

AUCHET, Marc et SARRAZAC, Jean-Pierre (dir.), « Actualités d'Ibsen : le texte et la scène », *Études germaniques*, n° 248, octobre-décembre 2007.

BEITCHMAN, Philip, *The Theatre of Naturalism : Disappearing Act*, New York/Washington D.C./Baltimore/Bern, Peter Lang, 2011.

BLOOM, Harold (éd.), *Henrik Ibsen, Modern Critical Views*, Broomall, Chelsea House Publishers, 1999.

BOYER, Régis (dir.), *Ibsen*, numéro spécial de la revue *Europe*, n° 840, avril 1999.

BOYER, Régis, *Le Véritable Ennemi d'Ibsen*, Didier, 2007.

BRAUNSCHWEIG, Stéphane, *Mettre en scène et scénographier Ibsen*, Strasbourg, Université Marc-Bloch, 2005.

DE DECKER, Jacques, *Ibsen*, Gallimard, « Folio biographies », 2006.

FERGUSON, Robert, *Henrik Ibsen. A New Biography*, Londres, Richard Cohen, 1996.

GRAVIER, Maurice, *Ibsen. Textes, points de vue critiques, témoignages, chronologie, bibliographie, illustrations*, Seghers, « Théâtre de tous les temps », n° 28, 1973.

GRODECK, Georges, *La Maladie, l'art et le symbole*, Gallimard, 2005.

JOYCE, James, *On Ibsen*, édition et présentation de Dennis Philipps, Copenhague, Green Integer, 1999.

LUGNÉ-POE, Aurélien, *Ibsen*, Rieder, « Maîtres des littératures », 1936.

MEYER, Michael, *Ibsen*, Stroud, Sutton, 2004.

MOI, Toril, *Henrik Ibsen and the Birth of Modernism : Art, Theatre, Philosophy*, Oxford/New York, Oxford University Press, 2006.

NORTHAM, John Richard, *Ibsen's Dramatic Method. A Study of the Prose Dramas*, Londres, Faber & Faber, 1952.

TEMPLETON, Joan, *Ibsen's Women*, Cambridge, Cambridge University Press, 2001.

TOUCHARD, Pierre-Aimé, *Ibsen ou la Hantise de l'absolu*, dans Henrik Ibsen, *Hedda Gabler, Maison de poupée*, trad. P.-G. La Chesnais, Union générale d'éditions, « 10/18 », 1964.

Henrik Ibsen, numéro spécial d'hommage pour le cinquantième anniversaire de sa mort, *Revue d'histoire du théâtre*, n° 9, Michel Brient éditeur, 1957.

Ibsen Studies, revue semestrielle en anglais, Oslo, Taylor & Francis, 2000-.

Sur Une maison de poupée

BOYER, Régis, « Elisabeth-Laura-Nora », dans Alex Bolckmans (éd.), *Literature and Reality : Creatio versus Mimesis*, Université de Gand, 1977.

CHEVREL, Yves, *Henrik Ibsen : Maison de poupée*, PUF, « Études littéraires », 1989.

KLEIN, Christian, « *Ce qui arriva après que Nora eut quitté son mari ou Les soutiens des sociétés* (1977). Une récriture d'Ibsen par Elfriede Jelinek », Lille, *Germanica*, n° 31, 2002, p. 129-142.

YSTAD, Vigdis, notice de *Une maison de poupée*, dans Henrik Ibsen, *Drames contemporains*, Le Livre de Poche, « La Pochothèque », 2005.

Sur le théâtre au tournant du siècle et la littérature norvégienne

TOUDOIRE-SURLAPIERRE, Frédérique, *L'Imaginaire nordique. Représentations de l'âme scandinave (1870-1920)*, L'Improviste, 2005.

FILMS

BRAUNSCHWEIG, Stéphane, *Une maison de poupée* et *Rosmersholm*, Arcades Video, 2010.

LOSEY, Joseph, *Maison de poupée* (*A Doll's House*, 1973), avec Jane Fonda, Artedis films, 2015.

TABLE

NORD COMPO
multimédia

Composition et mise en pages
Nord Compo à Villeneuve-d'Ascq

Imprimé par MAURY IMPRIMEUR
à Malesherbes (Loiret)
en mai 2016
N° d'impression : 208840